どこまでもアジアパー伝

西原理恵子
鴨志田穣

講談社

夜中にふと、鴨の仕事場の前を横切る。
さっきの電話誰っ?
あっ?
土肥
土肥君とは、鴨の一番の親友。最近一人立ちして会社をおこした。毎日が戦争のはず。
こんな夜中に鴨と笑顔で電話できるハズもなく。
あたしも土肥君に用があったんだ
リダイヤルおすね

うああああああ
びょん
ぽぽぽぽぴぽ

ぽ
ぽ
ぽ
ぽ

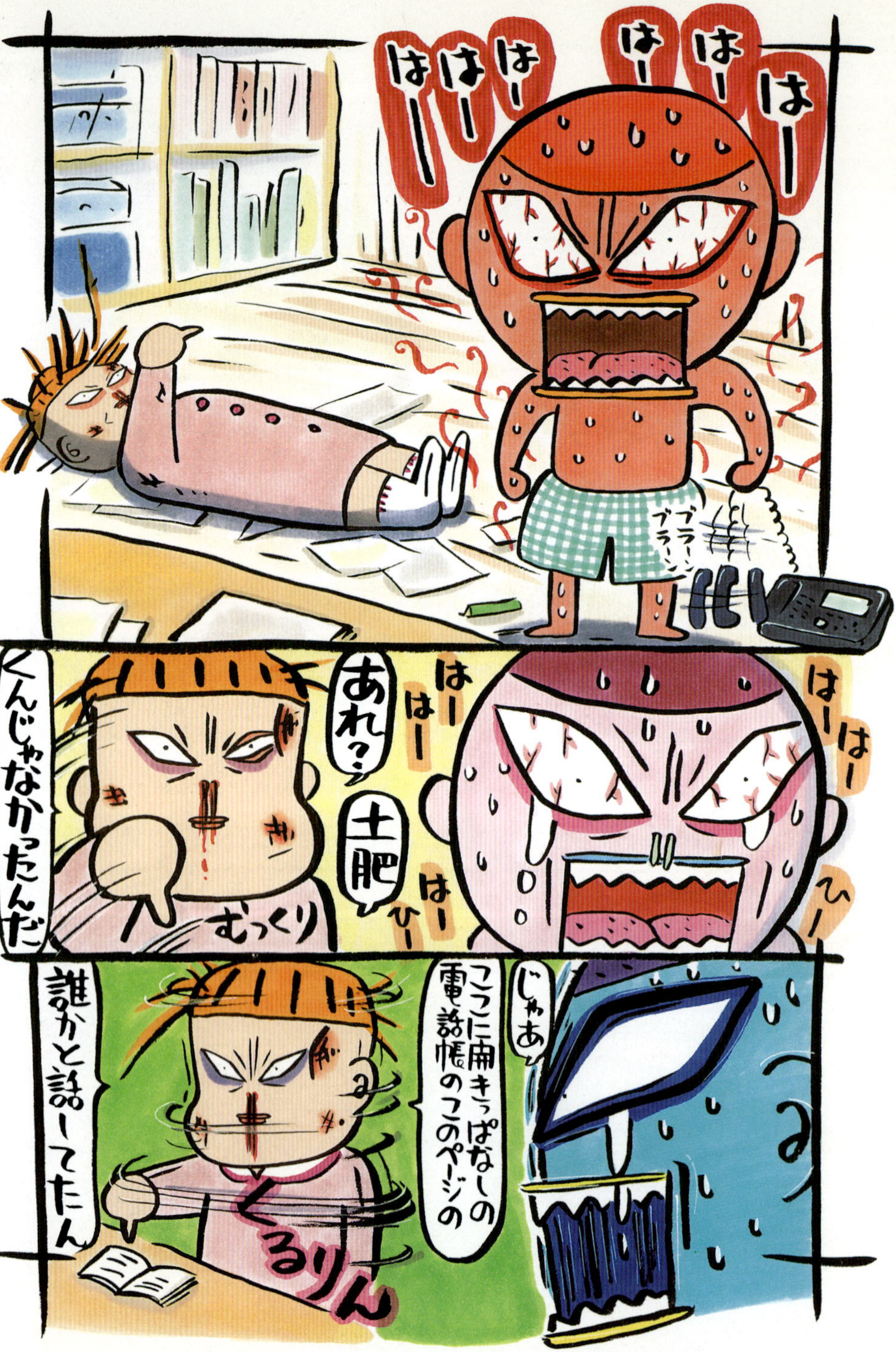

はー はー はー はー はー はー
ブラーン ブラーン
はー はー ひー
あれ？
土肥
はー はー ひー
くんじゃなかったんだ
むっくり
じゃあ
ココに開きっぱなしの電話帳のこのページの
誰かと話してたん
くるりん

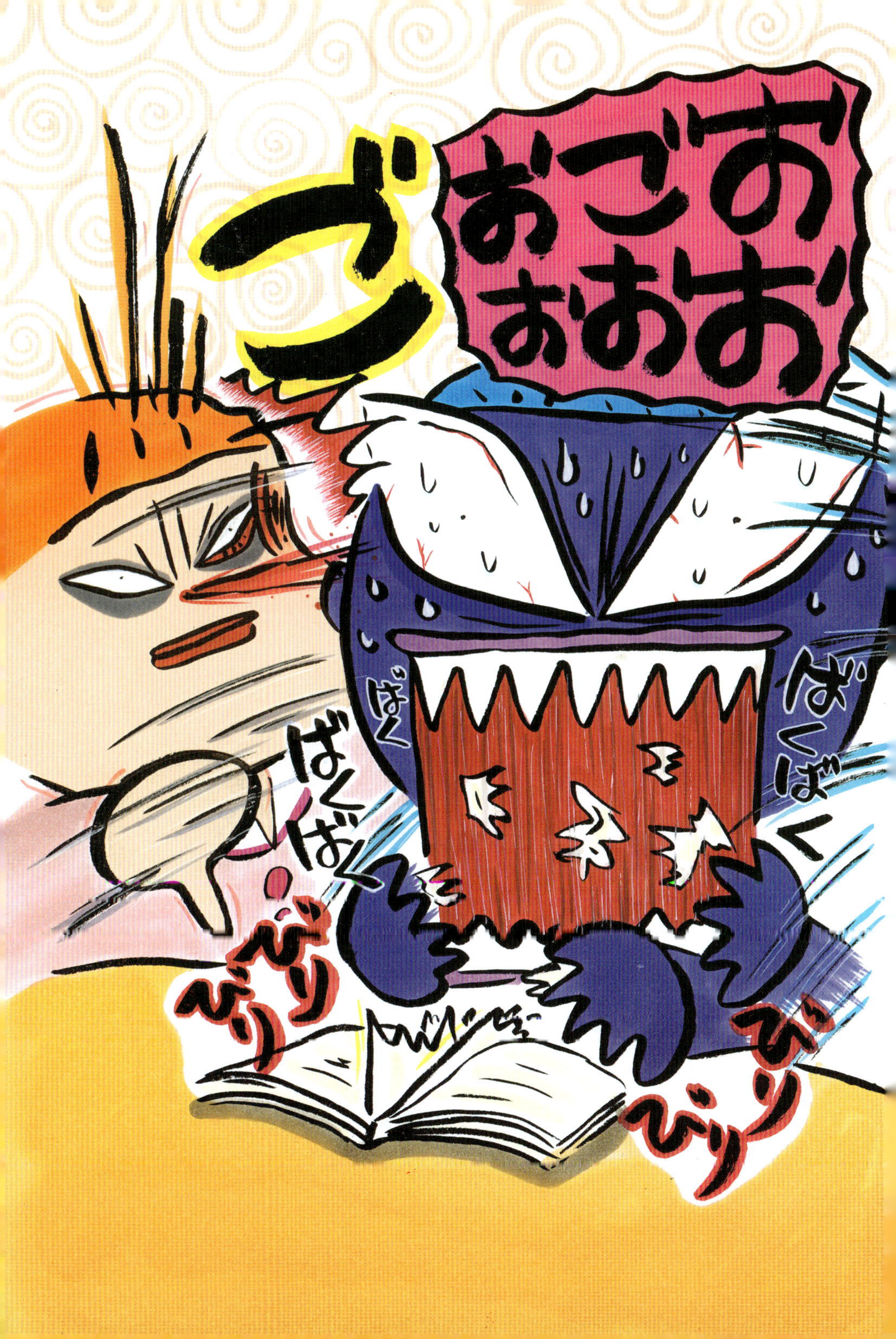
ゴ
おごお
ぉおお
ばくばく
ばく
ばくばく
びりびり
びりびり

カチッ
すう
ぶる
ぶるぶる
あんたが
ぶるぶる
ぶ
ぶる
最近一番遅くまで外出してたのって
土肥君の新人女子社員のおひろめ会だっけ。
翌日
あっ土肥くん？今日新人全員いる？あたし今日あいてるから紹介してよ
うん場所はそっちで用意して
鴨も行くって
びっくん
びっくん
びっくん
西原先生はじめまして
文系
清楚OL
こんにちは
仕事バリバリ
諸のあいそな感じのいい子
美人マジギちゃん系
はじめましてぇ
じゃカンパイです

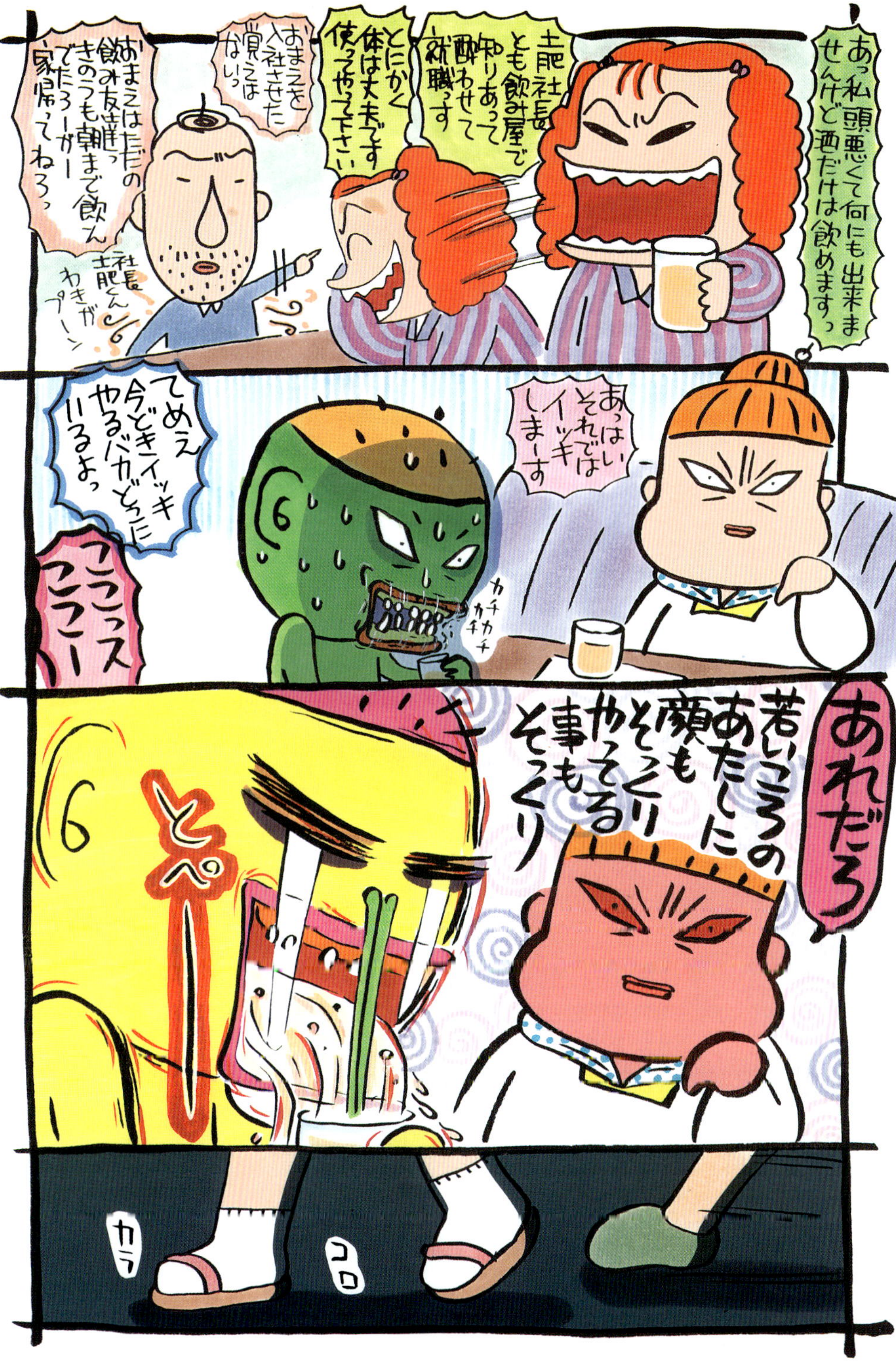

あっ私頭悪くて何にも出来ませんけど酒だけは飲めますっ
土肥社長とも飲み屋で知りあって酔わせて就職っす
とにかく体は丈夫です使ってやって下さい
おまえを入社させた覚えはないっ
おまえはただの飲み友達っきのうも朝まで飲んでたろーが一家帰ってねろっ
社長土肥くん
わきがプーン
あっはいそれではイッキしまーす
てめえ今どきイッキやるバカどこにいるよっ
カチカチカチ
こここっスこここー
あれだろ
若いころのあたしたそっくり顔もやってる事もそっくり
とぺー
カラ
コロ

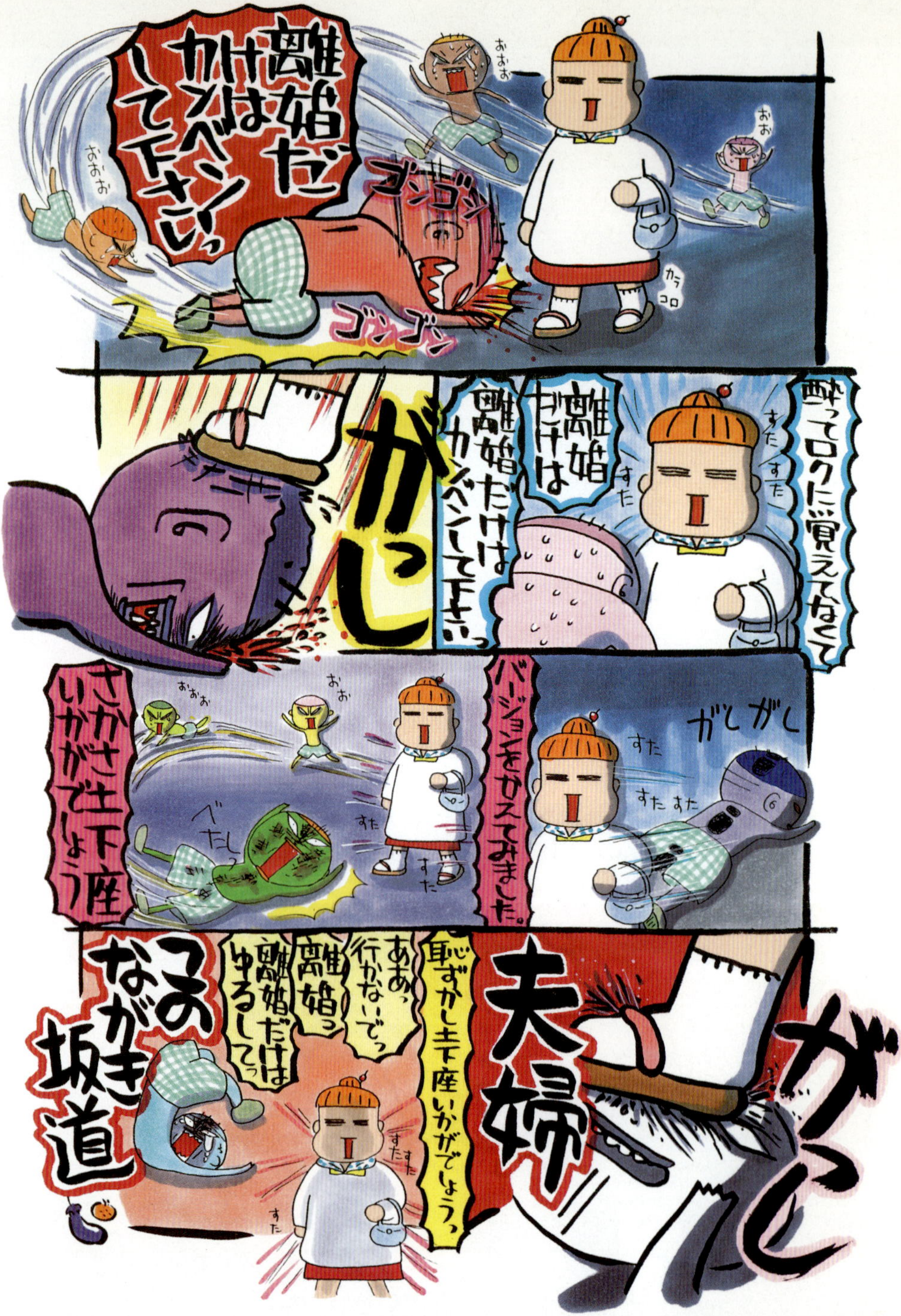

離婚だけはカンベンして下さいっ
ゴンゴン
ゴンゴン
おおお
おお
カラ
コロ
おおお
酔ってロクに覚えてなくて
すた すた
すた すた
離婚だけは
離婚だけはカンベンして下さいっ
がっし
バージョンをかえてみました。
がしがし
すた
すた すた
さかさ土下座いかがでしょう
おお
おおお
べたしっ
すた
すた
がっし
夫婦恥ずかし土下座いかがでしょうっ
ああっ行かないでっ
離婚っ
離婚だけはゆるしてっ
すた すた
すた
このながき坂道

目次

装画　西原理恵子
装丁　安彦勝博

「小説現代」'00年2月号～6月号、8月号～12月号掲載「続アジアパー伝」改題、まえがき8Pと第六話第七話に各5点のマンガは書き下ろし。

どこまでもアジアパー伝

続アジアパー伝
第1話 スペシャルテクニシャン
文筆界の
正司としえ れいじを目指して

1

バンコクの町を東西に分けて流れるチャオプラヤー川を、少しばかり下った所の東岸に〝クロントイ〟と呼ばれる古くからの港がある。

その港に隣接した大きな空地に、地方から何も判らずに、職を求めてバンコクへやって来た、貧しくて、でも力いっぱい野良仕事をやって来たおかげで、たった一枚の板っぺらさえ

あればどこでも寝起きする事が出来る、そんな逞《たくま》しい人達がいる。彼らはどこからともなく廃材をひろいまわって来て、どうにかして家を作り、大ナベ一つだけでいろいろな物を煮炊きする。その中のはしっこい奴が近くの電線から電気を引っぱって来て、いつの間にか小さな集落が出来上った。

　その後同じ村出身の者達が、そこに住み着いた彼らの元にものすごい勢いで集まり始め、そして赤ん坊が次から次へと産み育てられて、どんどんと家族が増え、気が付いた時にはタイ国

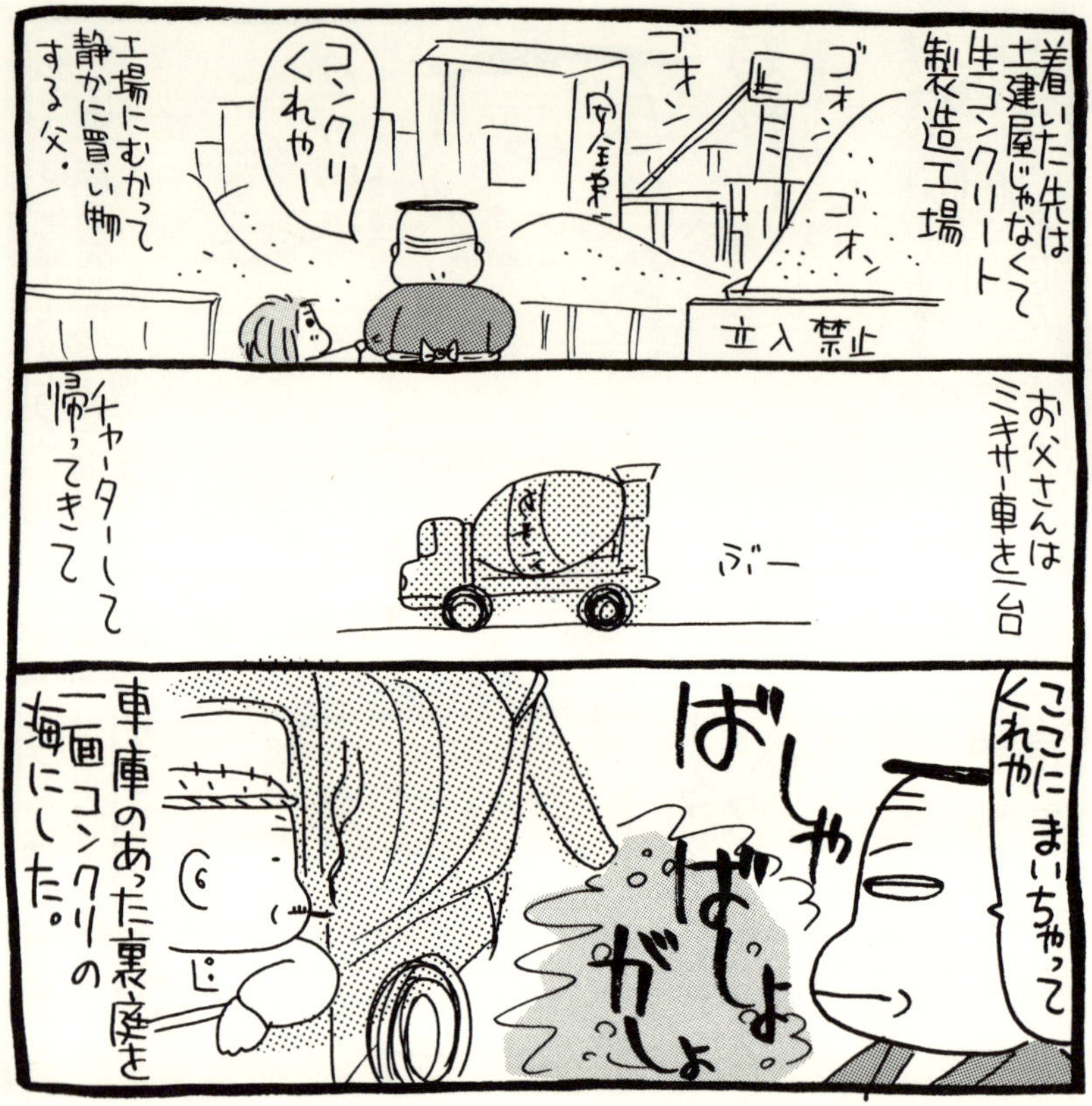

内最大のスラム街、通称〝クロントイスラム〟が出来上ってしまった。

今ではそこで勝手に生活を営む人々の数は三万とも、四万とも言われている。もともとバンコクという町は標高という言葉を使うのがはずかしくなる程低く、どこでもせいぜい海抜一メートルもあればいい所らしい。

このスラムはバンコクの町の中でもさらに低い場所にあり、一年中水の引かない場所がいくつもあるので、軒が連らなる路地裏は人が一人すれ違えるかどうか、といった細いドブ板が無

数に、八方に延びていた。

　行き場のない澱《よど》みきった水は、泣きたくなる程腐臭をただよわせ、真夏の、それも満潮の夜などは、付近一帯の恐ろしく腐りきったクローン（水路）のドス黒いヘドロ水が、いつの間にか押し寄せて、とてつもない悪臭を放つ。一ヵ月風呂に入らないでいると僕の玉袋はこんな臭《にお》いになるんだろう、そんな気絶しそうな臭いをまきちらしている。

　その臭いの中でも、ためしに戸が開けっぱなしになっている家の中をのぞいてみると、土間

に一つしかない小さな板きれだけの上で、親子が「川」の字になり、ぐっすりと眠りこけている。母親は眠りながらも家族の者全員に風をおくるかのように、水鳥の長い首のように片手を垂直に上げ、うちわを大きく、ゆっくりとふっている。

それにときおりおそってくる蚊の攻撃も「ペシッ」とたった一度手のひらを打ちおろすだけでたたきつぶしている。ためしに僕も、自分のアパートで真似してみたが、何度やってもうまくいかず、しまいにはかゆさに我慢出来ずにスプレーで殺してしまった。

真っ黒い水からはポコッ、ポコッとガスの入った大きな泡が、いたる所から上っていて、月明かりに照らされた水面だけを見つめていると、まるで他の惑星に降り立った様な錯覚にとらわれてしまう。

長い雨期の間ともなると、このクロントイスラムの、ほとんど全てが水びたしになっていて、どうにもやりきれなくなってしまう。

ぬぐっても、ぬぐっても流れ出る汗をそのままにして夜中のスラム街の路地裏を歩いていると、この湿度がかぎりなく一〇〇に近いカプセルの様な場所でここの人々は生活しているのか、と思い、ただとにかく、感心するばかりだった。

スラムというのは、土地の不法占拠の事を言うらしい。そのせいか、いやがらせなのかどうか、どうも定期的に火事が起こる。

火の不始末とか、不審火とかわけの判らぬ言葉で結局いつも終わってしまうのだけれど、一度火事になってしまうと、そこは廃材だけで出来上ったスラム街の宿命で、まるで髪の毛のように一気にワッと燃え広がって行く。

消火作業といっても消防車が入って行ける様な広い道はごく数本しかなく、いつも例外なく、ただ燃えるがままにするしかなく、とにかく早く消えるのを祈るしかない。

僕の見えない所では、何体もの焼死体がころがっていて、悲しい出来事もあって、多くの人々が涙を流しているのだろうけれど、鎮火して、またその現場に行って見たりすると、燃え残って真っ黒にこげた柱からはまだ白い煙が細くのぼっていて、やっぱり黒くこげた地面からは、まだ湯気が立ちのぼっているのだけれど、もともとその場所に住んでいた人達に混って、どこからともなく大勢の人が集まって、土をほりかえし、金目の物をさがしている。そこにはつい昨夜までの悲哀はどこにも感じられず、むしろほのぼのとして、見ている僕もまるで潮干狩りにでもやって来ているような気になってしまう。

もともと何も持たなかった、身一つから始まった人にとっては、火事という出来事も人生の中で大きな意味はないのだろうか。

すぐに忘れられるのだろうか。悔しいに違いないのに、ぼーっと立ちつくす時間すら持たずに新しい行動に出られる彼ら、彼女達の強さに僕は惹《ひ》かれるのかもしれない。

スラムの南端に港から貨物専用の線路が引かれている。

僕はその線路の上を列車が通っているのを一度も見た事がない。しかし、そこには、スラムの掘っ立て小屋もないし、第一売ればいい値が付くであろうレールも、引き抜かれて持ち去られていない所を見ると、どうやらまだ使われていると考えていいのだろう。

その線路を越えて、スラムの中に入って行くと、誰が建てたのか小さなお寺が見えてくる。その手前を右にまがって線路に沿って歩いて行くと、これまた粗末な食堂や雑貨屋などが軒をならべている。そこからまた更に奥へと進んで行くと、だんだんと雰囲気が妖《あや》しく変って行く。線路側には屋根があるだけの、まるで縁日で見かけるような飲み屋が十軒程あり、その向いの雑貨屋の角の明かりのついていない小さな路地の中へ入ってゆくと、数軒の売春宿があった。

2

そこはクロントイスラム南側の、本当に小さなつましい歓楽街だった。

夕焼け空が広がり始める頃、僕はよくこの場所に来て、一人酒を飲む事にしている。線路の向こう側には大きな丸いガスタンクが三つ、きちんと整列して夕日をあびている。この場所にいて秩序を感じさせてくれるのはそのガスタンクのみで、こっちのスラム側の人や建物の、いき当たりばったりのめちゃくちゃと見比らべているのが妙に楽しく、いつまで眺めていても見飽きるという事がない。

そろそろ日が暮れだす頃、ほこりだらけの、汗でてらてら光った男どもが、外での仕事を終え、おのおの勝手に線路を渡り、スラムへと帰って来る。

今日の実入りの多かった奴らは僕の居座っている飲み屋にどんどん引っかかって行く。これからがこの街がにぎわってくる時間だ。

仕事が終わったばかりの、疲れきった男達がうまそうに一杯目を喉《のど》に流しこむとき、決って何か重い物を肩からおろしたように、スッと背骨が軽く、丸まって行く。

僕が座る店はいつの間にか決ってしまって、雑貨屋さんの向いの店となっている。特にたいした理由もなかったのだが、そこで出す東北タイの田舎料理がなかなか美味《おい》しかったのと、それとその店だと売春宿の様子も窺《うかが》う事が出来た。売春婦達もよくその店で、仕事前の腹ごしらえに食事を取っていて、二言三言会話をする事が出来たからだ。

初めてここに迷いこんだ時も、この店に入りビールを飲んでいた。その時向いの路地から売春婦がやって来て、

「お前はコリア（韓国人）か」

と聞いて来たので、

「いや、日本人だ」

「――そうか……。日本人は初めてみたぞ」

「だから、どうした」

と返事をすると、もう店のおばさんに料理を注文していて僕の事など気にもとめていなかった。

しばらくして目が合うとその娘は僕を手まねきして、自分の前におかれている料理を「食べてみる

か」とすすめて来た。

見てみるとソムタム（青いパパイヤのサラダ）によく似たおかずだったが、食べてみるとちょっと水っぽい。

「これはなんて言う料理なの」

と聞いてみるときゅうりをつかってソムタムと同じ味付けをした料理で、名前はソムタム・テンクワーと言う、と教えてくれた。

きゅうりがタイ語でテンクワーと言うのをその時初めて知ったのでメモしておいた。後日アパートの近くの屋台で、同じく東北タイの田舎料理を出している店があるので昼メシにでもと思い、教わった通りその料理名を告げた所、その店のおばさんも料理が出来上るのを待っている客も全員が大笑いを始めた。

ただ〝ソムタム・テンクワー〟と口にしただけで何でこんなにうけたのだろうか。おばさんなんかは涙を流しながら笑いこけている。

みんなの笑いが止まないので、

「何がそんなにおかしいの」

とおばさんに聞いてみたが、何故《なぜ》だか取り合ってくれず、また思い出したのか笑い始めてしまった。

どうにも気になってその晩またクロントイへと出向き、初めて座った店で昼間と同じ様に、今度は発

音に注意をしながらゆっくりと、

「ソムタム・テンクワーを下さい」

と言ってみる。するとやはり同じように、その場に居合わせた全員が、目を見ひらいて大笑いを始めてしまった。

何がそんなにウケるんだろう。

前に会った女の子もその場で大笑いをしていたので横に座り、何がそんなにおかしいのか、と聞いてみた。

彼女のタイ語がほとんど通じない。

彼女はラオス系タイ人だったのだ。

何度かきき直すとどうやらリッチな日本人がこんなところに来て、バンコクでも最低のビンボー人が食べる物を注文するのがたまらなくおかしいらしい。でもその内にみんなが笑ってくれるので、僕は理由などどーでもよくなってしまい「きゅうりのサラダ」を連呼してスラムの住民から笑いを取り、酒を色々な奴から御馳走になり、肴《さかな》をわけてもらった。その日をきっかけに僕はこの街で数人の知人を見つける事が出来た。ただやはり僕のあだ名はこの街ではタイ語で「きゅうり」と名付けられてしまう事になった。

九〇年代のバンコクは目まぐるしく変って行った。前半はエイズが大騒ぎになり高層ビルが乱立し、高速道路もどんどん枝分かれして伸びて行き、交通渋滞がはげしくなる一方で、人口も増え続け、株価は天井しらずに上り続けて行った。経済成長がすごかった。そして後半に入ると一気にバブルが崩壊して、全ての勢いが急降下、失業などで自殺するタイ人が急増した。

その中でこのスラムは、政府によって退去命令が出されしめ出されても、しばらくすれば人々は帰ってくるし、また都市整備によって少しばかりは生活しやすくはなったが、そうするとさらに人が増え小さな家が建ち並ぶ。やっぱり火事が時々あって、経済状態の悪化から日雇の賃金が安くなり、仕事も少なくなってしまっても、人々は例によってどこからともなく引っぱってきた電気を利用すべく、白黒ながらもテレビを買い、冷蔵庫や扇風機を少しずつお金を貯めながら買いそろえて行った。

そして自分達が受ける事の出来なかった「教育」の意味を知り始めた大人達の中で、志のある者は我が子を学校に通わせるべく、必死になって安い仕事をこなして行った。ぎりぎりの生活をしながら……。

3

相変らず夕日が沈む頃を見はからって、いつもの店でガスタンクをぼーっと眺めながら、酒を飲む。仕事から帰って来る男達と、それといれ違いにこれから御出勤のおねーさん達の人の流れを見つめていると、決ってきゅうりのサラダの名前を教えてくれた売春婦の女の子がいつの間にか僕のテーブルの前に座っている。そしてころあいを見ては手を出して「十バーツ」とだけ言って金をせびりにかかる。ここに来ればもう何年も続いている事なので、何も考えずに十バーツを渡す。するとすぐに向いの雑貨屋へ行き、駄菓子を買ってそれを口に入れてぼりぼりいわせながら屋台の果物屋のおやじの所へ行き、今日の売れ残りと、パイナップルのしんや、マンゴーの種の周りに実のちょっとだけひっ付いているのを、ビニール袋につめこんでもらい、僕のテーブルの前に無造作にどん、と投げ置き、

「食え」

と一言だけ言いはなつ。

彼女がぶっきらぼうなのは、どうやら性格から来ているのではないようだ。もちろん学校へもろくに行っていないんだろうから、礼儀を誰かから教えてもらったこともないのだろう。恐らく遊ぶ金もそんなにある訳でもないだろうから、このスラムからめったに外に出る事もないにちがいない。だから、たぶんまだ田舎の言葉がぬけ切らず、恥ずかしいからなんだ、と僕は思っている。名前を聞いた事もないので、タイ語で妹の意味に当る「ノン」といつも呼んでいる。彼女も彼女でいつまでたっても僕の事を「きゅうり」と呼んでいるし、まあこの町では名前などそんなに大した意味はないんだろうが……。

店のおばさんにいたっては、僕が顔を出せば初めの頃は、

「きゅうりたべるの、キャハハハハ」

などと愛想よくしてくれていたが、それからしばらくすると、黙ってマノ板の向こうからきゅうりを手にもって指をさすだけになり、近頃では何もたのんでもいないのに勝手にきゅうりのサラダを作って持って来る様になった。ついでにその日の売り上げが悪かった夜などにうっかり顔を出したときには、三〜四品勝手に僕の前にならべる様になった。

ビールが終って、さあメコンウイスキーをと思い注文すると、決ってやって来るじいさんがいる。ウイスキーの栓をひねるとどこからともなくやって来ては、我が子の様にいつも必ず大事そうに胸に抱いている軍鶏《しゃも》の頭をいとおしそうに撫《な》でながら、おばさんからコップを受け取り自分で勝手に僕のメコンを注《つ》いでは、にこにこしながら、ちびりちびりとすすっている。

一杯目をやり出すとこのじいさん、しわしわのやせ細った指に尾羽《おばね》をにぎり、軍鶏の嘴《くちばし》の中にそれを何度も何度も出し入れしてはにこにこ微笑《ほほえ》みながらウイスキーを生《き》のままやっている。

「一体何のためにそんな事をするのか」

この質問を何度となくしてみたが、いつもにこにこ笑っているだけで一言も発しない。もしかしてこのじいさんは聾唖《ろうあ》なのかと思っていたが、一度スラムの入り口の所で、今胸に抱いている軍鶏を戦わせているのを見かけた事があり、その時のじいさんは目を三角にして金を握りしめながら大声で我が子を

応援していたので、どうやらそうではないらしい。

僕はこの町に来る時にはそれなりの覚悟を決めているのでお金はなるべく持って来るが、それでも帰る頃にはタクシー代と、どこかで一杯しるそばを夜食に食べるくらいの金しか残らない。軽くゴーゴーバーを五〜六軒ハシゴ出来るくらいの金を毎回この無口な人達のために使っている事になる。

4

「百バーツ（三百六十円）」

と売春婦の「ノン」が手を出す。今日も客は少ないのだろうか。このテントを張っただけのような飲み屋に何故か不釣合いな大きなジューク・ボックスに、せっせと僕の金をつぎこんでは、やはり東北タイの歌モーラム（演歌のようなもの）をじーっと聴きながらタバコをフィルターが焦げるまで吸っている。

お世辞にも彼女は美人とはいえないし、妹と呼んではいるが、年も僕とそんなに違わないだろう。田舎では、田んぼで働いていたとすぐ判るように足の形が扁平《へんぺい》で、指にいたっては地面によくすいつくカエルの指のようによく広がっていて、いつも引っかけているスリッパから両足の親指と小指がはみ出している。肌も夜の商売を長くしているにもかかわらず、浅黒く、それでも使うファンデーションは純白ときているものだから、彼女に金をせびられて渡す時も、その異相が恐しく、顔を真っすぐ見る事が出来ず、ついうつむいてしまう。そう言えば着ている服もピンクの地に白いフリルの付いたまるでキティちゃんが着ているようなデザインか、そうでない時は全く同じデザインで青地の物、この二つ以外は見た事がない。この街からも外へ出ていって商売をしている娘達もいる訳だから、正直な事を言ってしまえばいつも口にしている果物と同じはね物なんだろう。

　飲み屋にいた他の奴らも時間がたつにつれ、どんどんメートルが上って来ている。

　売春婦がかけたジューク・ボックスから流れる田舎の歌に合わせて皆が、まるで盆踊りのように威勢よく踊り始めた。

　彼女もめずらしくニコニコしながら踊りの輪を見つめていた。軍鶏じいさんはそのスキに、ここぞとばかりに他のテーブルに置いてある酒から次々に自分のコップに注いでは一気飲みをくり返している。その間も軍鶏の喉深くまで尾羽をさしこみ、くりくりと回転させていた。

　気が付いた時には売春婦の姿はなくなっていて、その代りに今まで彼女が座っていたイスにはデップリと太ってはいるが、いつも顔色が悪く、大きなクマを目の周りに張り付けている男が座っていた。

　この男、クスリの売人《プッシャー》だった。

もちろんこの男の名前も知らないし、聞いた事もない。

そしてこいつも例外ではなく僕の酒は自分の物と思っている。僕が気が付いた時には、目の前には新しいボトルが置かれていて、栓は既にあいていた。

「よう、〝きゅうり〟、久しぶりだったな」

この男を知ったのは二年程前だった。僕がこの街をうろついている時に目と目がかなり遠くの方で合ったと思うと、スッと路地裏に姿を消し、しばらくしてあたりの様子をうかがいながら僕のそばへよって来て、

「何が欲しい、何でもあるぞ、安くしとくぞ」

と耳打ちして来た。

彼の口からはき出される言葉は、ひどくネットリとしていて、ヘロインかシャブか、何かひどいクスリの中毒になっていると思われた。

僕が興味を示さないと今度は、

「どうだ女は、いいのいるぞ」

引き出しはたくさんある男だった。

この男、いつの間にか僕がこの街で、〝きゅうり〟と呼ばれているのを知り、平気で僕の事を〝きゅうり〟と呼び捨てにし始めた。僕がクスリにもこの街の女にも興味があって来たのではないと知ると、

今度は呼びもしないのに勝手にやって来ては軍鶏じいさん同様、僕の酒をがぶがぶ飲んでは、自分勝手に独り言の様にこの街の新しい情報を順に話しては、酔っぱらうと、

「じゃ、仕事だから」

と嘘をついてどこかへと消えて行ってしまう。困った売人でポン引きだった。

5

彼に会うたびにつくづく感心してしまうのはそのしつこさで、何度も「いらない」と言っているのにもかかわらず、必ず、

「クスリか、女か、安くしとくぞ」

と挨拶《あいさつ》のように話す事だった。

「どうだ、何でもあるぞ、安くしておくぞ」

やっぱり言い出して来た。「いらない」と言うと、

「女はどうだ、いい女そろってるぞ」

このしつこさなら、この男自身がクスリに手を出しさえしなければ、絶対に商売で成功しているに違いない。「おしい」と思う。

だが今日はここからが違った。

「きゅうりよ、あの女、いいかげんに買ってやれよ」

「あの女って、今までいたあの女か」

「そうよ、あいつお前がここへ来るとずっと一緒にいるじゃないか。判らないのか、あいつの気持ちを」

「それは俺から金をせびれるからだろーが」

「それはそうだ。でもな、あいつああみえてもアレがすごくいいんだぞ」

「いくら何を言っても俺はイヤだからね。この町にはボランティアをやっている日本人だってたくさん居るんだ。そんな所で俺が女買ったりしたら彼らに申し訳ないじゃないか、同じ日本人として恥ずかしいよ」

「そんな事きゅうりに関係あるか。同じ日本人だからって、あの人達は偉いんだよ。俺達の街のためにタダで働いてくれてるんだからな。お前はタダの飲んだくれじゃないか。そんな奴はこの街に金を落して行くしかないんだよ、お前とあの人達を一緒にするな」

「お前に言われたくはないよ、このポン引きが。いやなものはいやなんだって」

「じゃ、こうしよう。セックスはなしだ。あいつのスペシャルテクニックならいいだろう」

「何だよ、セックスなしのスペシャルって」

「どうだ、ためしてみるか、今日ん所は特別サービスで二百バーツでいいぞ」

二百と聞いておどろいた。街のソープランドと比べても十分の一以下の安さ。それに何なんだ、そのスペシャルって。そう言えば五年近くここへやって来ているが、彼女達の仕事部屋をまだのぞいた事がない。取材と考えれば良い事か。いかん、酒のせいかだいぶ心が動いて来てしまった。

ポン引きは僕の様子をそっと窺っている。心の動きは全てお見通しのようだった。

「どうだきゅうり、お前五年くらい前からここいらへんに来ているらしいじゃねえか。一回くらい経験してみたって、ソンはしないはずだ。もし金がないなら貸しといてやるぞ。明日返してくれればいいから」

「明日なんて、毎日ここに来やしないの。ただ酒飲みたいからってそこまで言うな。それに金はある、金の問題じゃないんだって」

とは言ってはみたものの、そのスペシャルが気になってしょうがなくなって来た。

雑貨屋の横の路地から男とならんで彼女が姿をあらわしたのはその時だった。

男からは満足しきった様子がありありと感じ取れる。顔も満面の笑みで彼女に向って何か楽しそうに話をしている。

その様子を一緒に見ていたポン引きが言った。

「おい、きゅうり。あの男はきっとあの女にスペシャルサービスをしてもらったに違いない。あの男の幸せそうな顔を見ても気が変らないのか、それじゃ男じゃないぞ、ものはためしだ、行ってこいよ、なっ」

6

二百バーツか。経験として考えれば高くはないな。これは取材と考えて、いや、やはりここでそれをやってはあまりにも人として良くないのでは、いややっぱり男として……心はゆれていた。すると軍鶏じいさんが僕と酒を飲んでいる時に初めて声を発した。静かに、しかし力強く、

「きゅうり、行け、男だろうが」

「はい行って来ます。そのスペシャルをおねがいします」

彼女もそこにいて、

「本当にスペシャルでいいだな」

と念を押して来た。

「ああ、それでいいよ」

僕がそうつたえると先にすたすたと歩き始めてしまう。僕はその後を小走りに追いかけた。背後からはポン引きが、

「楽しんでこいな。俺達はここで待っててやるから」

と、のん気な事を言っていた。何言ってるんだか、僕の居ない間に酒を飲みはす気でいるんだ、きっと。

彼女の部屋は六畳もあるだろうか、窓もなく、オレンジ色にしてある裸電球が一つあるきりだ。部屋は蒸し暑く、色々な体臭がまじるだけまじっていた。

壁には何年か前に亡くなったタイの国民的歌手と言われたプン・プアンのポスターが何枚も張ってあり、もしかすると彼女は元々は歌手になりたかったのかもしれない、などと考えていると例によってぶっきらぼうな声で、

「はい下半身だけ裸になって、そのマットにあお向きに横になって」

「か、下半身だけ、本当にスペシャルなの」

「ああスペシャルさ」

言うが早いか彼女は両手にクリームをぬりたくりコンドームの袋をやぶりにかかった。まだマットは先程の男のぬくもりで生あたたかい。それにシーツは何日洗っていないのだろう。色々な男の汗の臭い

がした。

彼女は僕の一物を一気に両手でしごき出す、これが何ともお見事でまさに匠の技《たくみ》であった。僕のは一気にふくれ上がり、あっと言う間にコンドームを付けられてしまう。しっかり装着出来たかどうかを確めるように、そして男なみの握力で、二度三度しごいたか、と思うとパッとそこから手をはなし、どういう訳だか、僕の両ヒザのお皿を彼女の手のひらでクルクルと回された途端、何故だろう、何が起きたか判らなかった。

「アッ、ウググ、そんなはずじゃ！　いや」

言葉にならない言葉が、力なく口からもれた。

僕はヒザの皿を女に回されて……イッてしまった。

時間にしてものの二分。秒殺だった。

手に付いたクリームをティシュでふき落としながら、

「コンドーム、そこのゴミ箱に自分で捨てて」

「はい……判りました。すみません、自分でやります」

なさけない話だ。二分でイカされて、下半身だけ裸で、その上自分でコンドームを捨てなくてはならないなんて……。

スペシャルと言えばそう言えるかもしれない。技としては見事だった。

しまった、奴らは店で待っているんだ、こんなに早く出て行ったら何を言われるか判ったもんじゃない。

そんな僕の気持を知ってか知らずか、

「ハイ、三百バーツ、百は私のチップよ。終ったんだから早く出て行ってよ」

と手を出してくる彼女。

しょうがない、店では嘘をついて何もしなかった事にしよう。

二人ならんで部屋を出て行き、みんなが待っている店へ行く。すると突然女が片手をVサインのようにして、今まで聞いた事のない大声で、

「二分よー!!」

とのたまった。

その瞬間から僕のあだ名が〝二分きゅうり〟に変ったのは言うまでもない。

その夜の出来事からしばらくあの街には行っていない。

続アジアパー伝

第2話　バンコクの詐欺師

今さらこんな事を
言うのも何だが、
鴨は文章が全く
かけない。
今回のこのパー伝なんか
40日もかかった。
原稿用紙たったの
30枚が何でこうも
かけないのか。
もちろんその間考えて
いるんだとか言って
家事も育事も全く
せずソファーで寝ている。
私にも仕事がある。
ああこいつといるのも
もう限界だと考える。

1

「カラン……カラン……カラン……」

遠くの方から盲目のロッタリー（宝くじ）売りが杖《つえ》のかわりに使っている、ステンレス製の物干し竿をたたき切っただけの棒で、路地をたたきながら、僕のアパートに近付いてくる音で目が覚めた。

彼が僕の部屋の下の路地に入ってくるのは、毎日必ず朝の九

私は小学校中学校高校と
ものすごく勉強ができなかった。
高校をやめるまでの11年と半、
親と学校にそれをずっとずっと
しかられて育った。
だからなのか単に気が小さい
のか、鴨をどなりちらしたいん
だけど、自分でもわからない
ブレーキがどこかで働く。
できねー
今月号のしめきりまであと5日。
もう30日目も一文字もかけてない鴨は
あああああああ
そーだ
カンヅメ
カンヅメ
するううう
そのまま
一生帰って
こないでくれ
永遠に
カンヅメに
なっちまえ
ブツ
ブツ
なけなしの金をはたいて都内の一番
安いホテルに自主カンヅメを決行。

時半頃で、寝ぼけまなこで時計を見やると、やっぱり九時半を少し過ぎた所だった。

徹夜で電話を待っているつもりが、いつの間にか眠ってしまったらしい。

ブラインドを上げ網戸を開くと、またいつものようにどこからともなくやって来た野良ネコが、ベランダのすみでウンコをきばっている。

僕と目が合うと、声も立てず口の中で「ニャア」と口まねだけして、そそくさと塀づたいに逃げて行った。

心細い毎日を過ごしている

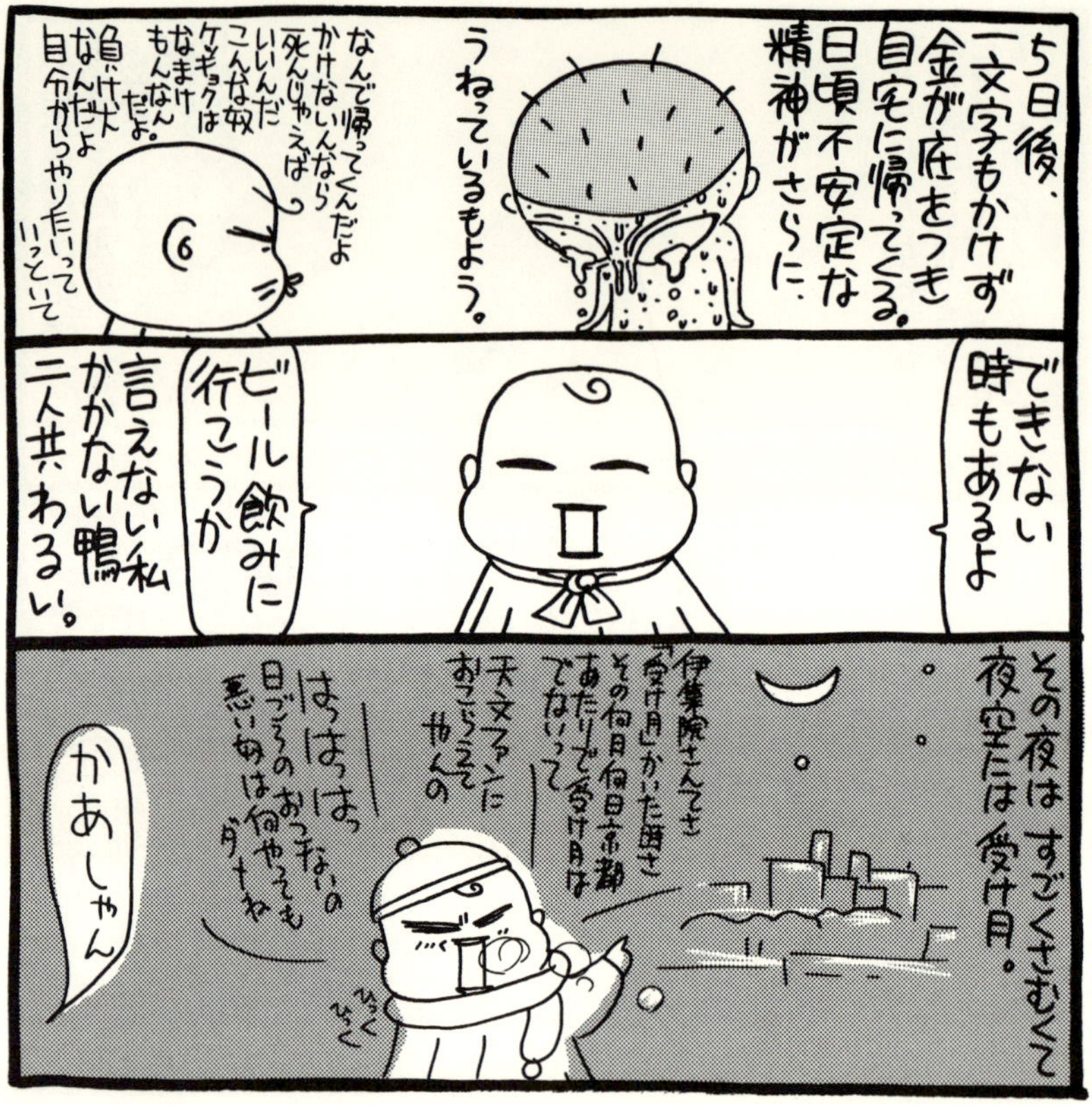

5日後、一文字もかけず金が底をつき自宅に帰ってくる。日頃不安定な精神がさらに、
うねっているもよう。
なんで帰ってくんだよかけないんなら死んじゃえばいいんだこんな奴ケッギョクはなまけもんなんだよ。
負け犬なんだよ自分からやりたいっていっといて
できない時もあるよ
ビール飲みに行こうか
言えない私かかない鴨二人共わるい。
その夜はすごくさむくて夜空には受け月。
伊集院さんてさ「受け月」かいた時さその何月何日京都あたりで受け月はでないって天文ファンにおこられてやんの
はっはっはっ
日ごろのおこないの悪い奴は何やってもダメだね
ひっくひっく
かあしゃん

と、奴が僕のベランダをお気に入りの便所に使っている事すら、何となくうれしく思えて来てしまう。

かと言って毎日フンを片付けるのもしゃくにさわるので、この頃は、洗面所からホースを引っ張って来て、スリッパをひっかけて、ベランダで丸裸になり、そこで行水をして、ついでにネコのおしっこやウンコを排水溝へ流しこむ事にしている。

水に溶け出すネコのフンというのは、それはえもいわれぬ、たまらない臭《にお》いなんだけれど、それでも、そんな礼儀知らずな

奴に対してさえ、毎日ちゃんと顔を出してくれている事に僕は安堵《あんど》している。

ウンコが排水溝へ流れ落ちた。

「社長」は、今どこを逃げ回っているんだろう。

この数日間、かかってくるかどうかも判らない電話を、二十四時間態勢で待ち続けたおかげで、いつ寝て、いつ起きて、いつメシを喰ったかもおぼえていない状態になってしまった。「社長」の事務所はずっと前から誰もいなくなってしまったし、奴のケータイはずっと切り

っぱなしになっている。こちらからは連絡のしようがない。

きついだけで美味《おい》しくも何ともない、ただ安いだけが取り得のクロンティップ（タイ製タバコ）に火をつける。案の定いがらっぽいだけのただの煙り。このタバコに火をつけるたびに、「貧乏はいやだ」とつくづく考えこんでしまう。

すると突然「プーア、プーア」と妙な音を立てる僕の部屋の電話が鳴り出した。

慌《あわ》てて受話器を取ると、「おはようさん」とヤスの声が響いて来た。この男はタイの娘達を日本に違法に送りこみ、売春婦として働かせる事を生業《なりわい》としている女衒《ぜげん》の助手のような男だ。そしてこいつも「社長」を血眼《ちまなこ》になってさがしている男の一人だった。

でも理由は僕とは違って、どうしても「社長」をすまきにして、シャム湾に沈めたい、と心の底から望んでいるらしい。

「よっカモちゃん、そっちに社長から連絡あった？」

「いいや、まだ全くの音沙汰《おとさた》なし。家から一歩も出てないから、間違いないよ」

「あの野郎、どこ逃げ回ってんだか。俺の方でタイの全ての出入国管理局に鼻ぐすり効かせておいたから、一歩でも出国しようもんなら、そこでアウト。連絡ない所見るとまだ国内にいるんだな。そういやあ、カモちゃん知ってんだろ、例の青森の信用金庫の支店長さん」

「ああ、何でだか大金持ってよくバンコクに遊びに来てた人でしょ」

「おうあのオヤジ、昨日になって俺ん所泣き入れて来やがってさ、『社長』にダマシ取られた額、一ケタ違ったんだよ、あのバカ『社長』に四千万円だってよ。持って行かれたの」

「エーッ、そんなにー、すごい額じゃん」

「あいつな、急に気になってバンコクで買ったコンドミニアムの書類全部調べてもらったんだってさ。そしたらやっぱりだよ、名義が『社長』なんだってヨ、ワハハ、あいつ本当なさけねー奴だよ。あんなサギ師に平気で大金貸してやって、そんでもってゴルフの会員権も、マンションもぜーんぶさしあげたも同然だぜ、ワハハッ。それでついでにもう一つ、これも昨日聞いたんだけどあんな大金、あやしいだろう。会社の金、使いこみじゃねーかって、『社長』にずっと前から脅迫されてたんだってよ。それでもって俺に〝たすけて下さい〟って電話口で泣いてるんだぜ。警察に言えねーで俺に言ってくるって事は、間違いなく使いこみなんだろ、お目出たいおっさんだよな、社長つかまえてすまきにした後、今度は俺に脅迫されるって判んねーのかね、全く」

「へーっそんな事もあったんだ。こまったおっさんだねー全く」

「おうよ、で改めてきくけどお前、だまし取られた金は本当に五万バーツ（約十八万円）だけなんだな、ウソ言うなよ」

「ウソなんか言っちゃいないよ、本当だって」

「それにカモちゃん『社長』の事かくまったりすんなよ、何だかお前ら仲よしだったからな。もう一つ、もし俺がカモちゃんの五万取りもどしたら二万はよこせよ、色々金使ってんだから」

「判ったよ、好きにしてくれ」

「んじゃ、また電話するわ、最後にもう一度言っとくぞ、かくまったりしたら、ワハハ、カモちゃんも楽しい事になるからな」

冷蔵庫からよく冷えたビールを出して来て一気飲みする。

気分は少しは落ち付いた。でも頭の中では同じ言葉がくり返されるばかりだった。

「何をやってるんだ、この俺は」

大の大人が借金をかかえ、異国の地で逃げまどっている。つかまれば殺されてしまうのだろう。追いかけるワル者達に僕も加担しているようなものだ、何とも気が重い。

2

タイの日本大使館に在留届を出している日本人は、大体二万から三万人はいるらしい。そして旅行者も含めると常に四万人はこの国にいると言われている。

それはもう立派な村なのだ。

その日本人のほとんどがこのバンコクにうごめいているのだから、やっぱり中にはおかしな奴も当然いる。

バンコクで生活する、大半の日本人は会社の命令によって来ているか、またはその家族であったり、留学組であったりと、この町へ何をしに来ているのか、はっきりとした目的がある。しかし僕もそうだが、何だか判らないうちに何となくこの町に居座ってしまった奴らや、日本でヘマをやらかして、この町に逃げて来た連中というのは、どうにもいい加減なのが多い。

大体それなりの年齢になっているのにもかかわらず、流れ者のようにただ何となく生きているんだから当然、先の事なんてろくに考えてはおらず、いくばくかの元手がある内はよかったが、それすらなくなると性根の腐った奴らは、手っ取り早く金を手に入れようとして、悪知恵ばかり働らかす。

さっき電話をかけてよこしたヤスのように人買いになったり、ガイドと偽って日本人観光客から金をせびったり、その中でも最悪なのが同じ在留邦人相手のサギ行為だったりする。そして不思議な事にいつの間にか悪人の輪が出来る。

ろくに預金もしていないくせに、どうやら定期的に仕事も入るようになったし、第一日本で世の中にイライラしながら暮すよりはバンコクの方がよっぽどいい、などとしごくあいまいな意志のもと、僕もこの町でマンションを買おうと決意して、不動産屋めぐりをしていた時に「社長」に出合った。

不動産を扱っている自分の会社の社員はもとより、バーの女達にも、ゴーゴーバーの踊り子達にまで、自分が顔を出す全ての場所の人々に「社長」と呼ばせては喜んでいた「社長」は、バンコクで暮らす日本人で、僕が出合った中では最もあやしい、正体のつかめない、おかしな男だった。

お客さんである僕に対して、明らさまに値踏みするような目付きで、上から下までなめまわすように視線をはわせていた。

真っ黒に日焼けした、あばただらけの顔。ヘビのような目。

一見しただけでそれと判る、オールバックのづら。

葬式でもないのに真っ黒なスーツに、ピカピカ光る先のとがったエナメルもどきのブーツ。ピンク色のシルクのワイシャツにそして何故だかバッグスバニーが、にんじんを食っている絵柄のネクタイを締めていた。

このおっさん、何をどのように努力しているのか。自分を人に対してどのように見せたいのか、さっぱり判らない男だ。生れて初めて見るセンスだった。

事務所を見ると日本人やタイ人、合せて六人程のスタッフが居合せたが、誰一人として仕事をしている様子はなく、ただボケーと机を前にして、パソコンで遊ぶか、新聞を読むかしていた。

そして驚いたのが壁一面にズラッと並び置かれている二十数個のゴルフバッグ。

「お客さんは、ゴルフしますか」

突然「社長」が話をふって来た。

「まだ十回そこそこしかラウンドした事がないんですけど、嫌いじゃないな。でもまだクラブも持ってないくらいですヨ」

目の奥が光ったと思うやいなや、並んでいるゴルフバッグの中から一つを持って来て、僕の目の前にトンと置いた。

「これ、いいよお。六千バーツ（約二万円）で売ってあげるヨ。このクラブ、岡本綾子が使ってるのと同じだから、シャフトもツルーテンパーの××、お客さんには丁度いいんじゃないかなあ、当ったら飛ぶよーっ、そうだ、どうせ誰も使ってないんだから五千でいいや、ねっ」

岡本は知っているがそのツルー何だかって何なんだ。

「あ、そうそう、明日空いてます？　ゴルフ行きませんか。マンションの話、ゴルフしながらでいいじゃないですか。今私の会社でマンションの建設計画があるんですヨ。一億バーツ（約三億六千万円）のね、この間やっと通りましてね、来月から着工なんですヨ。お客さんそこ一部屋買うっていうのどうですか、三百万バーツですけれど」

3

——アパートの下の路地でさっきから野良犬がうるさく吠《ほ》えたてている。きっと乞食《こじき》のくず拾いがリヤカーを引いて通り過ぎているんだろう。同じ人なのにあの野良犬達はどうして乞食には歯をむいて吠えるのか。

「社長」の借金のカタにヤスがタニヤのバーから取り上げて来た「社長」キープのスコッチウイスキー

をグラスに注ぐ。急に笑いがこみ上げて来た。初対面でよくもあんな大きなホラを吹いたものだ。ただ普通にマンションをさがしていただけの僕に、誰も聞いてもいないのに何で一億の建設計画など言ったんだろう。バッグスバニーのネクタイはその話をするにはまずかろうに。

部屋のスミでほこりを被っている岡本綾子のゴルフクラブは、今深夜になるとしきりにテレビショッピングで「このクラブで三百七十ヤードの世界新記録を……」と外人さんが必死に売りこんでいるのとは全く別物の、ただのバッタもんだった。あの日「社長」が言っていた事でたった一つの真実はツルーテンパーの××だけだった。そんな硬いシャフト、素人の僕があつかえる代物じゃなかった。

そんな事があった翌日「社長」にさそわれるがままにバンコク郊外のゴルフ場へと向う僕達。行きの車の中でもさっそくマンション建設プロジェクトの話をえんえんと続ける「社長」、聞けばバンコクの一等地に建てるらしい。でもそこにそれ程大きな空き地があったかなあ、と思い出しながらも一方的に話し続けられる。

日本と違ってバンコクでのマンション購入の仕方というのは、元々の資本が少ないからなのか、例えば同じ百平米の部屋であっても、建設段階でも極めて初期の頃に契約すると三百万バーツで買う事が出来る。しかし工事もそろそろ終りという時だと値段がそれより何十万バーツも上り、工事終了後に契約したりすると元々三百万だったのがその五割増もしたりして、これは日本で言う所の投機というか、仕手戦の色あいが濃い。

どうやら「社長」、一番初期の頃に僕に契約して欲しいらしかった。しかしやぶから棒に昨日の今日で三百万バーツ払ってくれと言われたって、そんな金がある訳もなく、会社の実績も調べずにそんなギャンブルを張れるハズもない。

第一昨日見た小ぎたない事務所に、ヤル気の全く感じられないスタッフ、そして目の前にいるなんともあやしげなこのおっさん。どこをどう見ても信用出来る要素が全くない。

炎天下のゴルフ場の芝生の上は四十度以上あるだろうか、素振りをしているだけで汗がたらたら落ちて来た。

「社長」のかっこうときたら、よっぽど黒が好きなのか、真っ黒のゴルフスラックスに、どこにそんな物売っているのか、トムとジェリーがおっかけっこをしている絵がプリントされたポロシャツを着ていた。それだけでもかなり笑えるのに、オールバックのづらの上にグレッグ・ノーマンが被っているような帽子までのっけている。何げなく見てみるとづらと頭皮のすき間からアイスクリームがとけ出すようにねばっこい汗がたらたらと流れている。四十度はあろうか、というこの気温の中で帽子を二重にかぶっているようなものだ。その努力にはとにかく脱帽するしかなかったが、笑いをこらえるのに必死なのと、何だか僕の頭がカユくなってしまってゴルフどころではなかった。

おっさんのゴルフの腕前はなかなかのもので、

「上手ですねェ」

とほめると、

「ハワイでアーノルド・パーマーと回った事があるくらいだから俺は。イッヒッヒ」

と調子にのるおっさんだった。

実際休憩所に入る三ホールはパー、バーディ、パーと、下手くそな僕には考えられないスコアで回った「社長」。

と聞くと、

「よく回ってるんですね」

「週五日はラウンドしているから。イッヒッヒ」

と言った後、しまったと思ったのか、

「ほ、ほら。日本からのお客さんとか、タイの役人の接待が多いからさ」

とお茶をにごしていた。

休憩所に入ると本物の帽子をとっておしぼりで「あっついねー今日は」と言いながらづらをごしごしとやりながら、聞いてもいないのに、自分の生まれが実に良くて大金持ちの家で何不自由なく育ち、バンコクで今生活しているのは今の内閣にいるある人物に都市開発の手助けをしてくれとたのまれたからであり、ついこの間その人物の親戚にあたるその家の二十歳になったばっかりの有名大学に通う美しい娘と再婚したばかりで、五十三になる自分には夜の生活が手にあまるイッヒッヒ、なのだとまくし立てた。

「いい事ずくめじゃないですか」

「人生、コツコツと努力。度胸一発、これが熊本市長をやっていた父親の遺言だからね、イッヒッヒ、さっ次は百七十五ヤード、パースリーだから、バーディねらおうかね」

キャディが五番アイアンを出して持って来てくれた。すると、あらら、その五番だけ全く違う、やけに寸足らずなクラブだった。

それを見ていた「社長」、

「いやあね、昨日君と別れた後コース行ってさ、レギュラーの五番、打ったとたん、ヘッドが取れちゃってさ、ごめんごめん、それでガマンしてくれ、いやあでも俺力強いんだなあ。そのヘッドがさ、百八十ヤード先の池にポチャン、だよ。俺って怪力だって、改めて気づいたよ」

「まあ何でもいいですヨ、でもそんなにヘッドが飛んで行くものかなあ」

ホールを消化しながらキャディにその事をそっと耳打ちしてみると、苦虫をかみつぶしたような顔で「ウソ」と一言言っていた。そして「あの日本人、悪い人だから気を付けて」とささやかれた。毎日のようにこのホールに来ているらしい。

やっぱりな、という気持ちと、でもおもしろいホラ吹きオヤジだな、と思っていた。

言っている事全てがでかすぎる。

マンション建設から閣僚の親戚の二十歳のよめさん、アーノルド・パーマーとのラウンドに百八十ヤード、ヘッドを飛ばし、最後には父親が元市長だといい出した。これはしばらくつき合う価値のあるおっさんだ、ひさしぶりにおいしいおっさんに出合えた。姿形がどこからどう見ても、貧相でこれだけ言ってる事とギャップがある男は、そうそういるものじゃない。

4

ゴルフも終り、二人で風呂につかり、おっさんがづらをシャンプーで泡だらけにしている姿に、笑いをこらえ、またマンションの話の続き、という事で「社長」の事務所へと向った。

「社長」がトイレに行くと入れ違いに日本人の若いスタッフが僕の横にやって来た。と突然、

「僕、今日でこの会社やめるんです」

「…………」

「今日、社長とゴルフ行ったんですね」

「ああ、行ったよ」

「あれ、五番アイアン、あそこです」

と指さす方向に植木鉢があり、観葉植物の横に何かねじり切ったようなシャフトが添え木として使われていた。

「あなたに社長が何言ったか、ほとんど僕判ります。今日、この後会ってくれませんか。どこかで食事でも」

「う、うん判った。じゃフジスーパーの前、七時に」

「いやあ、お待たせ」と「社長」がもどり、さっそく本当かウソか、そのマンションの建設計画とやらの青写真を僕の前に広げて、何やら大声で説明し出す。僕はさっきやって来た彼の言葉が気になってしまい全く頭に入らなかった。

その夜、「社長」の所の若い社員は待ち合わせ通りの場所に待っていた。すぐ向いの日本食レストランに入ることにする。

「今日であの会社辞めるって、どうしたの」

「……もう三ヵ月給料払ってもらってないんです」

「どうして。でもあの『社長』、毎日のようにゴルフ行ってるじゃない」

「ウチの会社、不動産業なの知ってますよね」

「ああ、新聞のチラシ見て知ってるよ、僕も物件捜してたから、この間おたくの所へ顔出したんだから」

「でもウチの会社、不動産で何一つ儲《もう》かるシステムになってないんです」

「何、何なの、どういう事よ」

「……あと二ヵ月もすれば必ず社長はあなたに借金を無心しますヨ。友達になった様な顔をして。あいつのいつものやり口なんです」

「何、よく判らないよ」

「あいつ、サギ師なんです、僕はそれであいつの手伝いさせられてたんです。サギ師のアシスタントなんです」

「ワハハ、何だいその商売は」

「今日売りつけたクラブもどこでどうやったのか、誰かのをくすねて来た物なんですヨ、元手はタダなんです」

「えっ」

「で五番アイアンをわざと折って全然種類の違うのを入れたでしょ。あれも相手が素人だとよく使う手なんです。上手くいかないっていってきっと来週あたりにまたゴルフのさそいがありますヨ。で必ず賭けゴルフに持って行きますヨ、あいつ。たぶんあなたの場合はそんな事にならないでしょうけど、ちょっと気の弱そうな人だと、賭けで勝ったら二ケタ違うとかなんクセつけるんです。僕知ってます、あいつの手伝いしてましたから」

「へえ、そうなんだ」

「払ってもらってない給料くれって言ったら、お前の悪事、全部バラすぞって言われちゃって……僕、あの男の事ものすごく恐しいんです。ウソつく事なんて全然平気だし、他人の物は自分の物って、本気で思ってるんですから。ためしに今日、あいつの言った事の真実教えましょうか」

「おう、たのむよ」

「奴の奥さんは、元ゴーゴーバーの女です。マンション建設、あれでもう三人だまして何千万円かの金ぶん取っています。まあそれが三ヵ月前までの僕達の給料にもなっていたんですけれど。これで判るでしょ、全部。全て口から出まかせなんです」

「……って事はあの会社は奴のサギ行為のためのかくれミノだという訳か」

「その通りです。それであなたにも、もっと恐い事が起きますヨ。たぶん一ヵ月くらい過ぎても例の、奴が言っているマンション建設の話にあなたがのってこないとしますヨ。まあここまで教えておいてあの話にのる訳がないですヨね、そうすると必ずとあるマンションにあなたをつれて行きますから、そしてこう言うハズです。元々のオーナーが金に困っているからすぐに売りたがっている。今だったら三分の二の値段で契約しても良い、ってね。もちろんローンでもかまわない、と一言付け加えますヨ。それでもう二人もやられました、契約書はタイ語で書かれた全くのデタラメな物です。その一室の名義は

『社長』の物で、二人共、セッセと日本から送金してますヨ、奴の口座にね」

「悪者だなあ、あの男。でも不思議だなあ、ズルい顔はしてるんだけどにくめないって言うか、何か嫌われない性格だよな、あの男」

「そうなんですヨ、そこなんですヨ、あいつ、そこの所良く知っているものだから、相手も気をゆるめるから、しぼれるだけしぼり取っちゃうんです。もう一度言いますヨ、奴はまずあなたとの賭けゴルフでせっせとこづかいをふやしつつ、借金を切り出します。もしここできっぱり断われば、さんざんあなたをののしりますが、それ以後そばにより付こうとはしません。もし金を貸してあげれば奴は不動産であなたをだまそうとしますから、必ずね」

「で、君は今後どうするの」

「まず金が一銭もないんで今夜会社にしのびこんでパソコン全部かっぱらって来ます。どーせだまし取った代物ですから奴も警察には言えないでしょう。それを売りさばいた金で一度日本に帰りますヨ、ほとぼりがさめるまでね。それでしばらくしたらまたバンコクに戻るでしょう、まああんまり深くは考えないで下さい。今さらこんな事言っても始まらないんですけど、俺も『社長』のオヤジも似たりよったり、です。でもあなた一人は俺の手で救えましたから、気分がいいですヨ、あんな男にいい加減好き勝手されたくないですからね」

5

彼の言う事を頭から信じた訳ではなかったが、それからの「社長」の僕へのアプローチは全く彼の言う通りだった。

ただ借金を切り出して来たのが二万バーツ、たったそれっぽっちの額なのに電話のむこうで大声で泣いていた。さらに一ヵ月後に三万バーツ。この時は部屋までやって来て、やっぱり涙を流しながら、土下座までしてみせた。そしてその後、案の定不動産で僕をだましに来た。

しかし悪い事はそうそう続くはずもなく、被害に遭った人の内の誰かが、「社長」よりも悪くて強い人、金色のバッジを胸に付けた人達に助けを求めたらしい。

「社長」はある日忽然《こつぜん》と僕の前から姿を消した。

それでも最後まで大ボラを吹いたのには今になっても失笑をさそわれる。

姿を消す直前、突然僕のアパートまで来たかと思うと、

「カモちゃん、来月から俺、バンコクでパチンコ屋開店する事になったから。ついさっき、チュアン首

相にサイン、もらって来たから、じゃ、楽しみに待っててよ」

と言って走り去って行った。

あの男は金が欲しくてウソばかり言っていたのか。

自分を偉い男に見せたくて、ついウソがすぎて、ついでに金をだまし取っていたのか。

まあどちらにせよ、だめな奴には変らない。

「社長」のウイスキーに酔った勢いをかりてヤスに電話をする。

「奴は見付かった？」

「いいや、まだだね。本当しぶといよ。ワハハ。すきの用意も出来てるのにさ」

「あのさあ俺、金いらないよ、もし『社長』が見つかって、あいつ金持ってたとしてもヤスにやるよ。もうなんだかこの事件にかかわりあいたくないよ。お前とも話するの、うんざりだ、たかが五万だろ、いい勉強と思ってあきらめるさ、もう俺関係ないから。好きにしてくれ、なっ、二度ともう俺ん所電話よこすな」

「本当にいいのか、金いらねえんだな、俺もらって後で文句言うなよな。じゃ判ったよ、女衒の助手とは話したくねーってか、それもそれでいいじゃねーか。もう電話しねーよ。カーモちゃんよ、甘ったれ、じゃな」

もう日は暮れようとしていた。放っておいたらジャングルのようになった前の空地の木々でリスがひっきりなしに動き回っている。

ベランダのすみからいつもウンコをしにやって来る野良ネコが「ヒョイ」と顔を出した。

何のつもりか僕のベランダにくわえて来たネズミの死骸《しがい》を置いて行った。

いやがらせではないだろう。

お礼のつもりか。

ネズミの死骸は腸《はらわた》が全部ぬけていた。残りをわけてくれたのか。

まあそうだとしたら悪い事じゃないか。

続・アジアパー伝
第3話 謎の両刀じいさん

東南アジアは子供まみれで
これまた鳥小屋のような家の中をのぞくと兄弟がびっちりで巣立ち前のツバメの巣のようだ。
村の小さな小学校に入っていった事がある。30人くらいの教室で自習の時間。先生はハンモックでひるね。
何人かの生徒が兄弟の赤ちゃんをつれていて教室のうしろのハンモックで一緒にねむっていた。なんかよく覚えてる好きな風景。

1

バンコクに住む僕達日本人が、通称〝おかゆ屋〟と呼んでいる店の経営者は、ほぼ間違いなく純血の華僑《かきょう》だ。その店はバンコクのいたる所に点在している。おかず一品の値段も安く、店構えもほとんど一緒の造りで、しかも、軒先の歩道に勝手にイスとテーブルを置いてしまう所まで共通している。

店名も華人でありながら、漢

字を使う事もなく、タイ語をその店の御主人の名字にあてがって、誰々さんの店と書かれているだけ。いちいち人の名前の付いたメシ屋の名など憶《おぼ》える気にはならないからか、僕達は〃おかゆ屋〃にしている。

それにしても全く華僑というのは寝なくても生きて行ける生き物なのか、とにかくよく働く。〃おかゆ屋〃は閉店時間がたいがい夜が明け始める時間で、またすぐに店を開けるので、店を閉めているのはほんの数時間だけ、という店が多い。

僕がよく通った店にはドアなどなく、店の内と外を区切っているのは、魚貝類、肉などいくつもの食材をならべた横に長い冷蔵庫兼ショーケースだけで、人が二人通れるくらいの通路の脇には、これまた数え切れない種類の野菜が置かれ、天井からは乾物がつるされ、料理台の丸い大きなまな板の前には、もう日本では滅多にお目にかかれなくなったアルマイト製の大きなたらいが置かれている。その中では、何やら臓物がどぶ色の煮物になって、くつくつと湯気を上げている。

この〃おかゆ屋〃の便利な所は、ロクにタイ語が喋《しゃべ》れなくても材料を指さして、これとこれ、とやれば勝手にコックがうまい具合に調理してくれる所で、めんどうが無いのでバンコクで生活し始めてからは、よく通った。

そのせいかどうか、それなりにタイ語が喋れるようになっても、どうも食材の名前を憶えるのが苦手で、〃おかゆ屋〃に行けばいつでも指さしで注文ばかりしていたけれども、色々な味をここで覚えた。

大ざっぱに言えば、辛くて、甘くて、酸っぱい、タイ人のための味付けの料理もあれば、華僑らしいシンプルな料理もあり、また味付けも注文すれば調節してくれるので、この店の料理にあきる事はなかった。

ニガウリのほろ苦い熱々のスープは美味《おい》しいだけではなくなぜだか体温を下げる事もこの店で知った。

干しナマコも、ガチョウの水かきの煮たのも、魚の浮き袋も、干魚や鹹魚《かんぎょ》も、日本じゃなかなか食べられないし、安くはないだろう料理が、いつも寂しいポケットの金を心配する事なく腹いっぱい食べる事が出来た。

カエルのモモを揚げたのなんかは鶏肉よりやわらかく、品がよくて、ビールがよく進んだ。こんなクソ暑い国なのに、生ガキはよく太っていた。あたって、ひどい目にあったとよく聞いていたのでちょっとした冒険だったが、日本で食べるそれよりは、すごくコクがある事も教えてもらった。

そして何よりもこの店一番の料理は豚のスネ肉の煮こみだった。

ハシでちぎれるほど柔く煮たゼラチン質をパオズにはさんで食べるのだけれど、トロトロの皮の下の脂の所まで味がしみこんでいて、これが絶品だった。

いつもランニングに、短パン姿のうすぎたない太った華僑のおっさんが、何でこんなに美味《うま》い物を作れるのかいつも不思議でならなかった。それに一日中働き続けて休むのは中国の正月の三日間だけ。年

こないだ二人で草野球に参加した。
レフトだぁーレフトをねらえー
← アストロ球団風
必ず勝てるぞー
なんでかってレフトの人が障害者だから
しかも両手不自由で球ひろえねえの。
32対7で圧勝
試合後 相手方の人に聞く。
なんであの人レフトなの?
せめてライトに
いやあ彼レフトが好きなんですよ。
おおそうか。
以前妊娠してる時障害のある子が産まれたらどうするか。ってゆうのを二人で話したことがある。
私はお金をたくさん残す。と言った。鴨は兄弟をたくさん残す。と言った。
その時はケンカになったけど鴨の方が正しいなとちょっと思って帰った。
ひっ はっ お
勝ってめちゃくちゃうれしい

に三日しか休まずにいて、どうしてあのおっさんは痩《や》せていないのかも謎だった。

とにかくいつ行っても店は開いてるので、真夜中、飲み続けて胃がヒリヒリしている時でも、目の前のたくさんの食材を見ると性こりもなく肴《さかな》と酒を注文し、水商売の終わった娘達の食事しながらのつまらない世間話に、それとはなしに聞き耳を立てながら肴をつつき、酒をあおっていた。

しらじらと夜が明け始め、田舎《いなか》から出て来て安くコキ使われている十代半ばの従業員達も一日中の長仕事でよろよろし始める頃に、決って僕は、やけに臭くって塩からい中華独特の干魚、鹹魚を軽く揚げたのとおかゆでしめて帰る事にしていた。何日も履き続けたくつ下の臭いを思い出してしまう……クサイ奴だ。でも一度でこの魚はクセになった。独特のうま味がある。

僕のアパートから歩いて五分もしない所に、小学校から高校までのエスカレーター式の学校があった。早朝からのバンコクの大渋滞をさけるために、そこの学校の子供達は朝日が昇ると同時に登校のための大行列を始めるのだが、泥酔のままその流れに逆らうようにして家に帰るのだけはさけたい事だった。

一度、ついうっかりその目に遭ってしまった事があり、元気な子供達の歩く姿を見ていると、実に悲しい気持ちになり、一体僕は何をやってるんだ、とその日一日気がめいってやりきれなくなってしまった。それをさけるために夜が明ける前には帰宅していた。

2

いつものように僕はその店にフラリと入ってはあれこれと注文して、テーブルに着き、満席になっている客の話し声と、店中にただよう焼けた油とナンプラーの匂いの中に包まれていると、ふと一つのテーブルに目が行った。何なのかそこだけ異様な空気だった。初老の老人一人を囲むようにして、いやにハデな、けばけばしい服を身にまとった決して若くはない水商売風の五人の女が居た。老人は決して痩せては見えないが、肌は妙に白く、病弱にも見えるのだが、無理をして威勢よく見せているのか、ふるえる手の先に持った杖《つえ》をふり回し、従業員達に、よく聞き取れないしわがれ声で、怒鳴りつけるようにして料理を注文していた。

「赤貝を三人前、早く持ってこい、それとウイスキーだ」

よっぽど癇癪《かんしゃく》持ちのじいさんなのか、五人のつれの女達にもあれこれと口うるさく何かを言っていた。

赤貝と言っても日本で食べる物から比べると、三分の一くらいにしか成長しないらしく、それをさっと貝の口がまだ開ききらない程度に湯通しして、ナンプラーで出来た辛いタレを付けて食べるのだが、これもあつあつのを指で口をこじ開けるとなんとも言えぬ磯の香りがただよい、貝独特の甘さがあって、とても美味しい。タイ人の好物の一つだ。

それにしてもこのじいさん、時々心底気味の悪いせきをして、その度にテーブルの下に常備してあるタンつぼに、喉仏《のどぼとけ》がぬけ落ちるんじゃないかと思う程思い切り「くわーっ」と大きな音を立ててタンを吐く。すると五人の女の内の一人がそっとじいさんの背に回って背中をさすってあげている。やっぱりどっか病んでるんだろうに、よせばいいのにウイスキーをがぶがぶ飲み続けている。

六人全員で赤貝三人分をつまみにするのかと思って見ていると、今度はまた別の女が貝汁で指をまっ赤にしながら身を取り出しタレを付けてじいさんの口にはこんであげている。

いつじいさんがせきこんでもいいように、一人の女はもう別のテーブルからいすを引っ張ってきてじいさんの背後に座っている。そして一人は赤貝を口にはこび、他の二人はと言うとじいさんの両モモをねっとりといやらしくもんでいた。そしてのこりの女はと言うとヒールを片方脱いで、じいさんの股間に足をのばし、足のウラで大股に広げた中心をゆっくりともみしだいていた。

体をプルプルと小刻みに震わせて、どこをどう見ても不健康にしか見えないじいさんだが、目だけはランランと輝き、何を見るにしても親の敵のようにニラみつけている。

その一団を眺めていると、インドのどこかにあるまぐわい寺のレリーフを見ているようだ。このバンコクの庶民のための、安食堂で一人でハーレムを演じているじいさんの姿は、本当にその場所にそぐわない、夢でも見ているような気にさせられた。

軒先を見やると、まだ少女のようなこの店の従業員の女の子達が集まって来ては恥ずかしそうに、でもコロコロと声を立てて笑いながらじいさん達から目がはなれないでいる。男の子達の方がテレてしまって、片目でチラと見やるが、見て見ぬフリをしていた。料理人はもうなれっこなのか、注文が多くていそがしいのか、全く気にもとめていなかった。

客達もあまりに大胆な行いのためか、それとも怒りくるったようなじいさんの鋭い視線を恐れてなのか、懸命にその存在を忘れようと努力しているようだった。

五人の女の顔はもう人に見られているのも馴れてしまったのか、まるで老人介護のおばさんのように、何の表情もなく背中をさすり、じいさんはあっという間に赤貝三人前を食べつくし、またしわがれ声で何かを女達に伝えたかと思うと、やっと女達が食事を注文した。

女達の食事の最中も、杖をふり回し、ガラガラと何かを怒鳴り続けていた。

このじいさん、この店に来てした事といえば杖をぶん回し、怒鳴り、いやなせきをしてタンを吐き、ウイスキーを飲むために右手を上下させていただけだった。

彼らが食事をすませ、店を出て行くと、今まで重く静かだった店内が、空気が変ったように明るくなり、客全員の肩の力がぬけたように楽しい雰囲気がもどって来た。

しかし、それにしてもあのじいさん、何者なんだろう、病弱なのか性豪なのか。女達も若くもないし、うらぶれていた。金持ちなのか、一体何なのか……。

顔見知りになったこの店の主人の長男のオカマをつかまえて訊《き》いた。「あのじいさんは何者か」と。

「……今度教えてあげる……」

と言いづらそうだった。

「いつ来たらまた会えるかだけ教えてくれ」

「週末の今頃の時間。必ずくるわ。でも友達になろうなんて考えないでヨ」

「えっ、どうして」

そっと耳打ちして来て、

「あ、の、ひ、と、両刀なのヨ。私、もうだいぶ前だけどやられちゃったのヨ。あ、これ、誰にも内緒にしてヨ」

清水アキラによく似たオカマの長男は顔を赤らめて走りさって行った。

「何でもありか、あのじいさんは」

3

じいさんが何者なのか、どうしても知りたくなった僕は翌週、同じ時間に〝おかゆ屋〟に出向いた。

店に入ると既に、雰囲気が重くただよっていた。やっぱり居た。同じテーブルで、同じ五人の女で、タンを吐き同じ赤貝を食わせてもらっている所だった。そしてやっぱり女達はねっちりとマッサージをし、背中をさすっていた。

違ったのはその日の酒はウイスキーじゃなくて、コブラが一匹そのままビンに入った薬酒をやっている。

じいさんの目は獣のように輝いているが今日は機嫌が良いのか女達と笑いながら何か話をしている。

話しかけるチャンスか、とも思ったが、「両刀」の言葉が僕の心にブレーキをかけている。

もじもじしながら結局何も出来ず、一言も言葉を交さないまま、彼らは僕より先に店を後にした。

客も減り、店も落ち付いて来たので手伝いをしていたオカマの長男に目で合図して同じ席に座ってもらった。

誰にも見付からないようにテーブルの下からそっと百バーツを握らせて、あのじいさんの正体を教えてもらう事にした。

「なあ、あのじいさんにやられちゃったんだろ、どこで」

「あの人の家で……」

「場所はどこなの」

「この店からそう遠くないわよ。歩いて十分くらいの所。そんなに知りたいんなら後で地図を描いてあげるわヨ」

「それでじいさんの家って、立派だった」

「うーん、けっこう立派ヨ、広いし。建て物はだいぶ古いけど、柱とか全部チーク材だったわ、お金かかってるハズよ、あの家」

「あの女達は全員愛人なのかなあ」

「知らなーい。でも恐らくそうでしょうね。いっつも一緒に居るんだから」

「家族は見たの」

「見る訳ないじゃないヨ、誰も家に居ない時を見計らって私を引っ張りこんだんだから」

「引っ張りこまれたって言ったって、お前の顔、清水アキラ似なんだよ」と言ってやりたかったが、説明がめんどうくさいのでヤメといた。

「じいさんの商売知ってる」

「知る訳ないじゃない。一回家に行っただけだし。でもその頃から昼間から女つれてここらへんうろうろしてたから、年だしもう何もしてないんじゃないかしら」

「そうか。じゃあ君がじいさんの事で知ってるのは家の場所と両刀だって事だけか。じゃ、いつか自分でその家まで行くか、また来週ここで待っているしか知り合いになるチャンスはないか」

「そうねー、あっ思い出した。あのじいさんね、お腹の周りにすごい傷がいくつかあったわ。たぶん手術の傷跡か何かだと思うわ。うちの店来て赤貝ばっかり食べてるでしょ。精力をつけるためもあるけど、きっと健康の事も気づかってるんだと思うわ」

　腹がキズだらけか、ますますそそられるなあ。

「あの人さあ、私のカンだけど昔悪い事して金持ちになった人よ。顔見ればあんたもそう思うでしょ。よした方がいいわよ、近づくの」

「そんな事俺の勝手だろう。それより他に、何か思い出す事ないのかよ。何でもいいからさ、教えてよ」

「……ああ、そうそう。あのじいさんの家の居間に大きな肖像画が飾ってあったわ。ほら、えーと私の父さんと同じ中国人の、ほらえーと、戦争の後台湾に行った偉い人、ほら……」

「えっ蔣介石《しょうかいせき》!?」

「な、なにショウ……日本語じゃ判んないわ。あ、ちょっと待ってて、お父さんにその人の漢字書いてもらうから……」

オカマ君が持って来たノートには美しい漢字で〝蔣介石〟と書かれていた。

中国国民党の残党の一部は毛沢東《もうたくとう》率いる共産党軍に敗れた後、台湾だけではなく、この東南アジアにも敗走して来ていた。

〝ゴールデントライアングル〟と呼ばれる一大麻薬原産地で全てを仕切り、裏の世界に君臨している男、クンサーも、国民党残党の一人だと言われている。

体をプルプル震わせながら、安食堂で、五人の女にかいがいしく世話をしてもらい股間をもみしだかれ、しかも両刀使いで、腹が傷だらけの、もしかしたら国民党残党の一人かもしれず、裏社会の人間なのかもしれなかった。

こりゃ、ますますもってあやしくなって来たぞ。

興奮で体中が粟立《あわだ》って来た。

行く所まで行くしかないな。あのじいさんの正体、暴いてやる。

アジアパー伝
第4話
謎の両刀じいさん その2

よく朝ベランダのサッシをあけると
カラカラ
見知らぬ昆虫が
ひっくりかやって死んだりーしてますが、
我家ではこいつがよくひっくりかやって
昨日も公安がたくさんいたの？
すごいいっぱいいたよ わんわか公安
鴨志田くんの肩には、そのころ小さめの

1

「戦争が悪いんだ」

深々とはき出したタバコの煙にまみれながら、じいさんは、例の聞き取りづらいしわがれ声で、呟《つぶや》いた。

「ワシの人生の大半は戦争だった。まだ終っとらん」

そう話すじいさんの肩ごしに、何故だかはすに構えた大きな肖像画の蔣介石《しょうかいせき》が、さっきから僕をにらみつけている。その

片桐機長がいて
あの人は公安だよ キミをねらってるよ
もつ
レバ
タン
東長崎駅前のおでん280円の居酒屋には公安がたくさんいると教えてくれる。
ちなみに東京で最も公安の多いところは
新宿ゴールデン街
たいへんたいへん
公安のごんずい玉がこっちにくるよ
しろばんばのように飛《と》んでるらしいのでみなさんも要注意。
盗聴もされてる
盗聴とーちょー
いよいよ私も本気で「この昆虫をサッシの外にはたき出そうかと
RRRR

端正な顔立ちと美しい軍服の着こなしを見つめていると、やはり、誰がどう考えても毛沢東《もうたくとう》とは反《そ》りが合わなかったろうなと妙に納得してしまう。

　偶然おかゆ屋で見かけたじいさんと取りまきの女五人。何とも理解しがたいスケベなやりとりに興味を持った僕は、その食堂で働く、以前そのじいさんに姦《や》られたと言っていたオカマの長男にいくばくかの金をにぎらせ、会う段取りをつけてもらった。そして何日も待たされ、やっと今日、両刀じいさんに会うことになった。

知りあいの自衛隊のすごくえらい人。
なんだーきみとこん
シャーシャー
えらい盗聴されてるなー
あらやっぱり。
そう言えば夫のゆってる事ちゃんと聞いてあげるのって妻の仕事だったわよね。
心あたり。
地下カジノにちょっと通いすぎたかしら。そいえばこないだ盗聴されたって大サワギしてた保坂展人議員とは昔からの知りあいで、レンラクとってたし
そんな事より、宮崎学と麻雀うさんくさいとゆうよりくさい。
においの根元の人とあそんでたし
あとケーサツの人がよろこびそうな作家のマンション系。
ト達と高レート
そんな事より鴨だって仕事で共産圏とかしょっちゅう行ってるし
赤軍おっかけまわしてたし
ガンジャたれてたし
彼のお師匠、ど左だし。
去年から二人で行った海外は暴動中のインドネシアに軍事政権下のミャンマー
息もたえだえサハリン。
そいえばこないだ鴨、国境なき医師団
のフランス人日本人ってたよな。スパイだってNGOでもケチ
シャー

じいさんの家に行って見ると、豪奢《ごうしゃ》な造りで、広い庭にはココヤシやマンゴー、パパイヤの木々がいくつも植えてあり、芝もきれいに整えられていた。南の国らしく、色あざやかないくつもの花が咲き乱れていた。

建物も、一目で判る総チーク造りで、風通しもよく、ここにいると、バンコクの中心地である事を忘れさせてくれるような、涼やかな造りだった。

じいさんは〝ピチット〟と名のった。タイではごくあたり前に耳にする名前だ。

じいさんは僕の目の前で、や

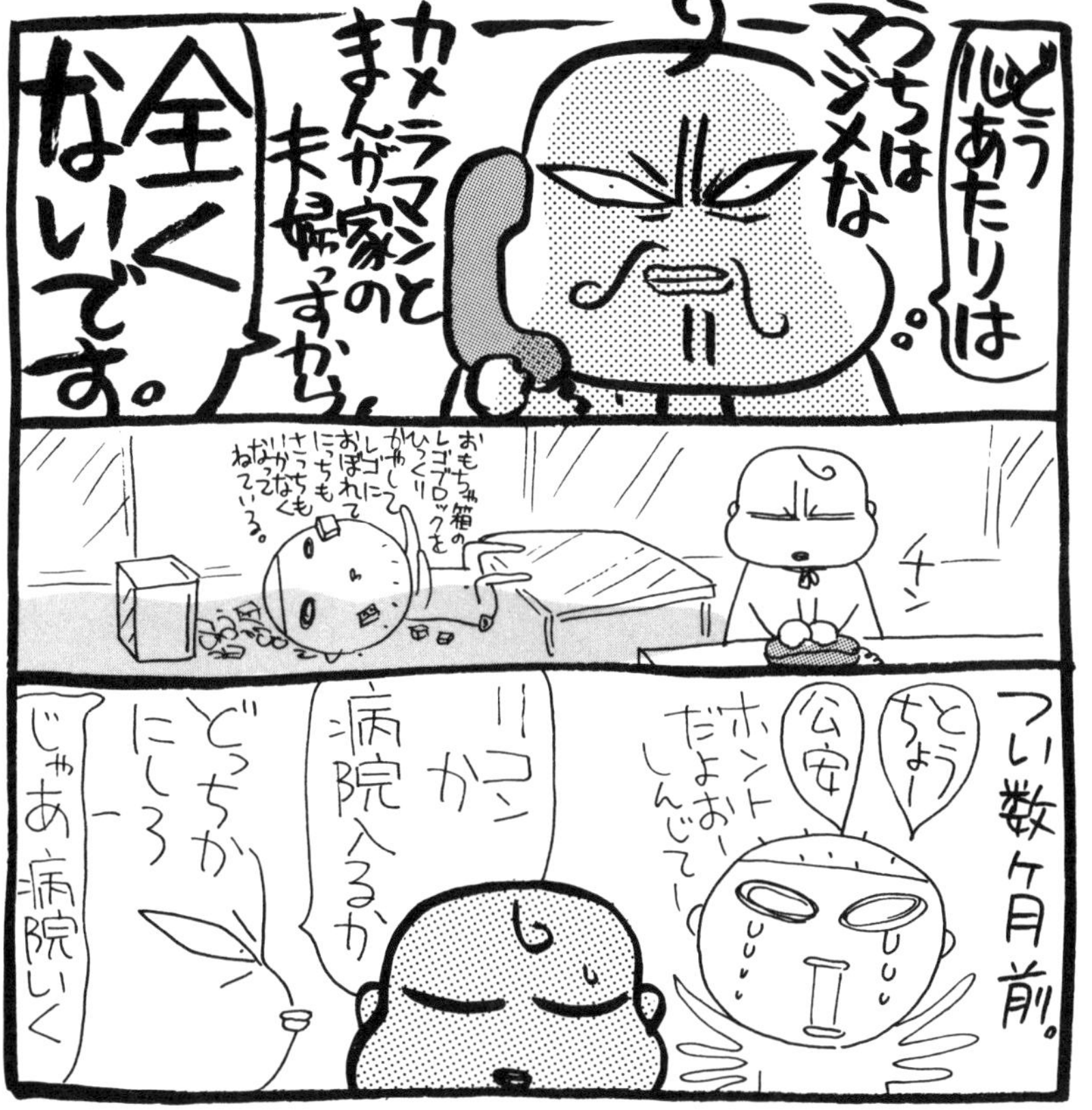

けに白っちゃけた不健康な体を細かくふるわせながら、それでも威厳を保とうとしてか、黒檀《こくたん》で出来たいやに堅そうな椅子《いす》にふんぞりかえって座っている。そして二分に一回はタンつぼめがけてするどく「ペッ」とタンを飛ばしている。

今日この日にわざわざ時間を作ってくれたお礼にと、じいさんがいつもおかゆ屋で飲んでいるスコッチウイスキーを近所の酒屋で買って、持って来ていた。

「今日はどうも」と言いながらボトルをテーブルの上に置く。

すると例のしわがれ声で使用人を呼ぶ。やっぱり〝両刀づかい〟の片鱗《へんりん》をうかがわせる、茶色の仔犬《こいぬ》のようなかわいい十七〜十八の男の子が小走りにやって来て、じいさんの言いつけに一言ずつ〝こくり〟とうなずいては、また小走りに部屋を後にした。

　するとすぐに庭の方から三人の男の声がして、目をやると、すでに一人の若者はヤシの木に登り、熟《う》れたのを選びにかかり、他の二人はパパイヤをもいだり、花を摘んでいた。

　突然じいさんが僕に声をかけ

て来た。

「君はクロサワの映画は好きか？」と。

その時じいさんはニコニコと微笑《ほほえ》んでいた。

はじめて見るじいさんの笑顔だった。

「ええ大好きです。特に『生きる』がいいと思います」

「『生きる』か、ワシも見たよあの映画は。いい映画だったなあ」

視線を宙に泳がせながら、「生きる……生きる……」とつぶやいていたじいさん、僕に向き直って、

「シ、ム、ラ・タカシだったな、あの男は。若い頃はあの男の色気がさっぱり判らなかったが、今にして思うと、セクシーだ。うん、奴はたまらん。昔はミ、フ、ネしか目に入らなかった。奴は今でもたまらん、ムフフ」

「僕もミフネはカッコいいと思いますヨ」

「うおお、かっ、かー、べッ。うーん、君もそう思うか。気が合うなワシらは、ムフフ」

このじいさん、本当に〝両刀づかい〟なんだろうか。もしかしてあの五人の女達は、カモフラージュなんじゃないのか。男にしか興味がないのではないか。ちょっと恐しくなって来た。

「君はメコンウイスキーを知っているだろ」

「ええもちろん。たいがいいつも、あればっかりです。安いしすぐに効きますから」

「じゃあ今日はとっておきのメコンを出そう、ちょっと待っといてくれ」

よちよちと杖《つえ》をつきながら部屋を出て行くじいさん。後姿を見送りながら、〝酔わせてからが勝負〟とボクは腹をくくった。本当に国民党残党の大物なのか、それともただの色ボケじじいなのか、正体を暴いてやる。

テーブルの上にじいさんが置いたメコンは、普段酒屋で目にする物よりもかなり色が薄かった。しかし、ラベルにはタイ語でしっかりと〝メコン〟と書かれてある。手に取って見ていると、

「これはな、年代物なんだよ。たしか二十年物だったはずだが。まあ一口やって見てくれ。こいつを飲んだら今売ってるやつなんて薬くさくって飲めなくなるから」

一口ふくんでみる。たしかにこれが同じ酒か、と思わせる程違う味だった。べっとりとした甘みも少しだけれどとれていて、いやみな感じがしないし、品のいいブランデーか何かを思わせた。

じいさんは僕がおどろいた顔をしているのを見て、ニコニコと微笑んでいる。

「日本のロイヤル・ファミリーの一人が、〝メコンが好き〟と言っているだろう。これの事だよ、判ったか。これを美味《うま》いと言っているんだ。でもこいつは中々手に入らなくてなあ。この家にももう数本しか残っておらん。まあ気にしないでどんどんやってくれ。この家に君のような若くて、それも外国人が来たなんて、もう十何年ぶりの事だからな。もうすぐ肴《さかな》もやって来る。めずらしい物を御馳走《ごちそう》するよ」

2

しばらくするとテーブルの上には庭でとれた物だけで作られた肴がはこばれて来た。

どれもかんたんに湯通しした物や、ただ何かをあえたりと、特別な事をしているようには見えないものばかりだ。

「以前仏門に入った事があってな、そこの偉い坊主がベジタリアンで、色々教えてもらったのが今テーブルに並んでる物だよ。全部体にいい物ばっかりだ。湯通ししただけの物はそこのナムプリックガピ（エビの脳みそから作ったタレ）をつけて食べてくれ。この花は肝臓、そっちのは心臓、この菜っ葉は腎臓にいいんだ。まあ酒を飲みながらじゃ効くとは思えんがな、ワシの気やすめだよ」

花の名前はよく聞き取れなかった。ウドのようなほろ苦い花に辛いタレをつけて食べるのはお世辞にも美味いとは言えなかったが、酒飲みの性《さが》か、体に良いと言われるとついつい手を出してしまった。

不健康で血行の悪そうなじいさんの顔も酒のおかげで、いくぶん赤らんで来た。そろそろ勝負の時だと思い、慎重に一つずつ質問をしてみる事にした。

「いつも一緒にいるあの五人の女性は今どうしているのですか」

「ああ、あの女どもか。晩メシ時になったらここにやって来るよ」

「じゃ一緒に住んでる訳ではないんですか」

「あたり前だ。どうしてあんな女どもを家に住まわせなきゃあならんのだ」

「でも愛人なんですよね、全員」

「まあ、そんなもんだ。ワシの所へ来て、身の周りの世話をしてくれた日には一人二百バーツやってるよ。床を一緒にした時は千バーツ払ってるかな。奴らにも家族があるからな。生活のためだけじゃよ、ワシの所へ来るのは。全員一度や二度は結婚して、子供もたくさんいるしな。それに全員男に捨てられた女達だ。奴らは学校もろくに出てないから、子供を食わして行くのには、立ちんぼしかないだろう。まあワシもこんな広い家に使用人以外は一人ぼっちだから、ついつい一人の女と仲良くしている内に、その友達だからと言われて世話して、世話してもらって、そうしてる内に気付いたら、今は毎日五人も相手にしなくちゃならなくなったんだ」

部屋は風通しが良い上に、ふと上を見るとじいさんと同じように年代物の大きなファンが小さく「ビーン」と音を鳴らしながらゆっくりと回転していた。

「おっとそうだ、君にいい物を見せてあげよう」

じいさんはよろよろと立ち上ると、杖をつきながら部屋を出て行った。戻って来た時には大きなアルバムのような物を脇にかかえていた。

「広げてみろ」

と言われたようにすると、蝶の標本のようにきれいに整理された十一個の黒いかたまりがそこにはあった。よくよく目をこらして見てみると、どうやら〝陰毛〟のようだった。その毛のかたまりの下には何やらタイ語で書かれてあった。

顔を上げ、じいさんと目が合うと、「ガハハハ」と大笑いをしてる。

「それはな、全て処女の陰毛じゃよ、どうだ、いいだろ」

「そんな、いいだろって言われても……」

「ワシはな、処女は幸運を呼ぶ、というのを信じているからな。ワシは長生きだけを考えているからのう。君にも一つやろうか、好きなのどれでも持って行きなさい」

「いりませんよ！　陰毛なんて。でも一体いつからですか、こんな物集め出したのは」

「……カミさんが死んでから、だな」

そう言ってじいさんは、しばらくグラスを見つめながら遠い目をしていた。一口ウイスキーを口にふくむと、僕を見つめながら、

「君は今何歳だ」と聞いて来た。

「三十五になりましたが……」

うん、うんとうなずきながら「三十五歳」と口の中でつぶやくじいさん。何を思い出しているのだろうか。

「ワシが三十五の時はな、ワシにとって三度目の戦争が始まった頃だよ……」

「……というと……」

「ベトナム、だよ……アメリカ兵さ」

ベトナムへの軍事顧問としての出兵を決めたアメリカは、六〇年代当時、ここタイにもいくつかの空港・基地を作っていた。

「ワシにとって二度目の戦争だった中国内戦で、ワシら家族が国を追われたのは十七歳の時だった。もう今となってはあまり憶《おぼ》えておらんがな。とにかく歩き通しで疲れて、ハラが減って……」

「でも何故台湾に行かなかったんですか」

「それは判らん。ワシのおやじについて行くだけだったしな。それに共産党だの国民党だの言われても、子供のワシには理解出来ない話だ」

「でもお父さんは共産主義をきらったんですよね。国を出たと言う事は」

「そこが一番判らないんだよ。なんで同じ国民なのに、ワシらが中国を出なければならなかったのか。今になって見れば、おやじの考えは正しかったと思うがね。イデオロギーか何か知らんが、子供のワシにはマフィアの親分同士のケンカにしか見えなかったよ」

「旧日本軍がいなくなって、すぐの事でしたよね」

「そうだ、やっと戦争が終ったと思ったら、今度は同じ国民でありながら政治家同士のケンカが、国を二つにしてしまうんだから、政治家という奴らは恐しいよ」

3

タイに住む華僑の大半が、潮州人と呼ばれる中国南方の出身者達で、清の時代に大挙してこの国にやって来たらしい。彼らの二世や三世は本人が「自分は中国人だ」と言い続けないかぎり、自動的にタイの国籍を取得出来るはずだが、じいさんのような場合、国民党台湾政府とは今だに国交も樹立されていない。どうやってタイ人になれたんだろう。

「ワシの中国名はな、マーというんだ。馬だよ。チェンマイ以北にはこの名字の付いてる華僑がけっこういるんだぞ」

「ところであなた達のような国民党残党は、どうやってこのタイの国籍を手に入れる事が出来たんですか」

「うーん、やり方は色々あったみたいだがな、まずは金。役人に金さえどっさりやっていれば、その頃は国籍なんてかんたんに手に入ったよ」

「おじいさんの場合はどうやったんですか」

「ワシらは大陸づたいに逃げて来たからな、しばらくはビルマ（今のミャンマー）とタイの国境ぞいで生活してたんだ。何年頃かはっきり記憶にないが、タイ政府が山岳少数民族にも国籍をやり始めてな。それを聞いたワシの一家は、その日からリス族になった」

「何でリス族を選んだんですか？」

「ワシの父さんがリス族の娘にしょっちゅう手を出していたからな」

「それで晴れてタイ人になったと……」

「そう、チェンマイの役所へ皆で出向いてな。父さんはその時役人に金貨を三枚くれてやった、って言ってたの憶えてるよ」

中国人から始まって、リス族のフリをしてタイ人に生まれ変ったこのじいさん。

茶色い仔犬のような使用人達は、広い芝生の上でセパタクローを始め出した。日本の蹴鞠《けまり》のような遊びだ。夕暮れ時になり、気温が下がり始めると、そこかしこで見られる風景だ。竹で編んだハンドボール大の玉を、足をたくみに操っては高く蹴り上げて三人で遊んでいる。

それを居間からながめながら、

「若くて、かわいいなあ」

　とじいさんはつぶやいた。

「『七人の侍』は好きか」

　と急に聞いて来た。

「大好きです。あの雨の中の死闘がかっこいいと思います」

「うん、うん」とうなずきながらそのシーンを思い出しているらしく目を閉じている。

「サムライ、ハラキリ、サムライ、ハラキリ……」と日本語でつぶやいていた。

「君はサムライか」と急に聞いて来た。

「そ、そう言われても……僕は侍の生き方というのが良く判らないんで……まあ一人でバンコクをふらしているくらいですから、浪人かも知れませんが」

「ローニンか、じゃサムライと同じでハラキリの気持ちは持っとるんだな」

「いやいや、だめですよ。敗けそうになったら敵の前で犬みたいに腹を出しちゃいます。そして逃げるチャンスをさがします」

「自分を犬にたとえるとは、情けない男だな。世界中で犬っていうのは、人を最もバカにするたとえじゃないのか、えっ」

「そんな深い意味で言ったんじゃなくて……」

「いやだめだぞ、自分を犬にたとえるのだけは、それに犬の肉は美味いしな」

何を言い出すんだ、訳が判らなくなって来たぞ。

「ワシはな、日本人が大好きなんだ。真面目で正直だしな。サムライ・スピリットがそうさせるんだと思っとった」

「サムライ・スピリットとは関係ないんです。日本は戦争に敗けて、僕の父さん達の世代が口惜しくて、どん底からぬけ出したくって必死に仕事をしただけなんです。もしかしたら侍の心を忘れていない日本人は、僕達の父親の代にはいるかもしれませんが」

「その話は本当だな……」

「自信はないですけれど……」

「本当に君らの父親達にはサムライがいるんだな」

「いると思いたいですけれどね、僕としては」

「じゃあ一つ質問がある」

と言ってメコンを一気にあおり、グラスをテーブルに「トン」と音を立てて置く。

「政治家になるくらいの男は、サムライ・スピリットは持っとるよな」

「いやあ、政治家は僕全く興味ないから知りません」

「まあいい、聞くぞ。どうして日本の政治家は海外に出るとすぐ謝るんだ、それも何度も何度も」

「……そんな事、僕に言われても……」

「戦争責任と言われ、働きすぎと言われ、何であんなにかんたんに頭を下げる。どうして一国のボスがすぐに謝るんだ。サムライはまだいる、とさっき君は言ったな。サムライは謝るのか、えっ、どう思う君は」

「僕は……侍じゃないから判りません」

「戦争は悪いんだ、あたり前に人を殺すんだ、殺されるんだ。そしてワシらはそこから逃げた、国籍も変えて、人生ずっと逃げて来たようなもんだよ」

じいさんの大声におどろいて、使用人達は遊びをやめて、じーっとこちらを見ている。

「死体を横目に見ながらワシらは逃げて来たんだ。今だに負い目しか残っとらんよ。戦争が悪いんだ。しばらくして『七人の侍』を見た時ショックだったよ。あの映画を見て、今度生まれ変ったら日本人になりたい、とワシは思ったよ」

「…………」

「今度日本の政治家に会ったら言っとけ。もう二度と戦争の事で謝るなと。毛沢東も、蔣介石も、ニクソンも、周恩来も、ついでに最近じゃエリツィンも、奴らが謝った所、一度も見た事ないだろ。世界中のボスは謝らん。頭下げるなと言っておけ」

「は、はい」

4

じいさんとっておきの、年代物のメコンはもう一本目が空になっていた。じいさんのグラスに僕の持って来たスコッチを注《つ》ぐ。それを見て偉そうに「うん」とうなずくじいさん。

すると玄関にいつもの女五人衆が姿を見せていた。

大声で使用人の一人を呼ぶと、サイフから二千バーツ取り出して、

「今日はこれで勝手にやってろ、と言っておけ」

と言って金を使用人に渡すと、使用人は小走りに部屋を出て行き、玄関で女達に渡していた。一人の女が大声で、

「今日はおしりの日なのねーキャハハ」とはやしたて、ぞろぞろと五人はどこかへと消えて行った。

何なんだ〝おしりの日〟とは。ま、まさか僕の事じゃないだろうな。

「いっ、いいんですか、今日は彼女達と一緒じゃなくて？　赤貝食べなくていいんですか」

「いい、今日は。最高の気分じゃよ。まさか昔話を日本の若者と出来るとは思いもよらなかった。晩ゴ

ハンは今若いのに作らせておるから、少し待っていてくれ」

「晩ゴハンなんてそんな。そろそろ僕は帰ろうかと……」

「まあいいだろ、もう少しじいさんの酒に付き合ってくれたって」

もしかするとこのままじゃ危ない。あんな若いの三人にはがいじめにされたら、とてもじゃないが姦られてしまう。

「三番目の戦争の話、途中だったな」

「あ、それ教えて下さい」

「三十五の時じゃ。ワシも結婚して子供も三人おった頃だ。アメリカ兵がここらへんをうろうろし始めてな。一発、商売であててやろうと思って、宝石の商売始めたんだ」

「宝石のですか」

「そう、ミャンマー国境でカレン族からクズルビーを二束三文で買って来てな、そいつらに適当に磨かせてな、米兵に売りつけたんだよ。同胞にはやばい薬をあつかう奴もいて、そっちの方がガッポリ儲《もう》かるからって、すすめられたんだけれど、それは一切やらなかった」

「どうしてですか」

「ベトナムに死にに行く奴らにそんな物売りつけると思っただけでも何か気分悪かったからな」

「……それで商売は成功したんですか」

「まあうまく行ったと言えるんだろうな。しかし金のない兵士なんかから、その代りにってウイスキーもらう事もよくあってな、調子にのってタダ酒あおっておったらいつの間にかアル中になっちまった、ほら」

と言って着ているシャツの前をはだけるとおかゆ屋のオカマ兄ちゃんが言っていた通り、腹が手術のあとで傷だらけだった。

「何度も手術して、酒はやめろって医者に言われ続けた。でもどうしてもやめられなくてな」

「ひどい傷ですね」

「宝石の商売も自分の息子にまかせっきりにしてしまって、ふらふらになりながらもたまには店に行っていたんだが……」

「それで……どうしたんですか」

「三十八で教えてもらったよ、初めてな……相手は米兵じゃった。その時は最高の気分だったよ。こんな気持ちいい事があるなんて知らなかったからな」

使用人が小走りにやって来て、

「用意は出来ました」

と一言だけ言うと素早く去っていった。

——何だ用意とは。逃げ出すチャンスを見つけないと。

「でもそれからだ、人生が狂い始めたのは」

「はあ」

「その米兵がな、この家に入りびたりになってしまって、ある時見つかってしまったんだよ、カミさんに……」

「ああ、見つかった、その米兵との……」

「そう、そういう事。次の日カミさんは下の娘二人をつれて家出してしまった」

「しょうがないかもしれませんね。そういう事じゃ」

「その後、カミさんが死んで、今じゃ娘二人も、どこで何しているのやら、一度も連絡がないわ」

「つらいですね」

「まあな。もう一度やり直そうと思って酒もやめたんだ、でも不幸はまだ終らなかった」

「米兵君とも終らなかったんでしょ」

「そっちはな、酒よりやめる訳にいかん……それは違う話だぞ、バカ者が！」

「すっすいません」

「いやな、息子がちゃんと仕事していると思っていたら、ワシの知らん内に商売替えてしまったんだ。あれ程絶対に手を出すな、と言い続けた〝クスリ〟だよ。その商売を始めてからしばらくしてやっぱり商品に手を出しおって」

「それで息子さん、今はどうしているんですか」

「死んだ。八年前にな、ＨＩＶでな。注射針から感染したらしい」

「一人ぼっちですね」

「そう一人ぼっち」

「結局しばらくやめていた酒に手を出し始めてな。毎日浴びるように飲むとはあの事じゃよ。それからも何度も手術をして、なんだかいつの間にか愛人が五人になって、生きている意味が全く判らんよ、今だに……」

さすがに二人共だいぶ酔って来た。もう帰らなければ、そう思い立ち上ると、

「まて、サムライベイビー」

いつの間にか僕は侍にされていた。

「なんですか、サムライベイビーって」

「いいからまだここに居ろ、サムライベイビー」

「それやめて下さいよ。もう酔っぱらっちゃったし今日はもう帰ります。また後日来ますから……」

「だめだ、ちょ、ちょっと見せたい物がある、こっちへこい」

と言いながら、酔って大きくブルブルとゆれている体をどうにか杖でささえて歩き出すじいさん。しかたなしに後に続く。

別の部屋に入って行くと、そこはじいさんの寝室だった。入り口でかたまって動けなくなっている僕に向って、手まねきをする。

物かげに例の仔犬のような使用人がかくれていないかどうか確かめてから中に入った。

天井からは居間と同じ大きなファン。ベッドはキングサイズで蚊帳《かや》が吊ってあった。

「ちょっとそこで座って待っていてくれ」

言われるままに部屋の隅にあった椅子に腰かけた。

タンスから何やら取り出すじいさん。

「どうだ、サムライベイビー。今晩は五千、いや六千バーツ払うから、これを着て一緒に居てくれんか」

じいさんが手に持っている物をよくよく見て、僕は声を出して大笑いをしてしまった。

「たのむ、私の夢をかなえてくれ、一万バーツでもいい、たのむ……」

じいさんが手にしている物は、どこでどうやってそろえたのか、ミフネが着ていたような黒い羽織、袴《はかま》に、バッタもんの武士のかつら。刀も大小までそろえてあった。

「ワシはコッチを着るから、な、一万五千でもいい、たのむワシの夢を……」

指さす方にはいんちきくさい十二単《ひとえ》があった。

「おかゆ屋のあの小僧から何してもいいと言われてるんだから、それくらいの覚悟はあって来たんじゃろ、たのむ、二万バーツだ、どうだサムライベイビー、一晩だけだ……」

おかゆ屋の兄ちゃんのやろう、今頃腹かかえて笑ってるに違いない、今度会ったらただじゃおかねえぞ。なにが国民党の生き残りだ、ただのサムライフェチのホモじじいじゃないか。しかしじいさん、ついに二万バーツも払うと言って来た。本当に長年の夢だったんだろう、気の毒だがはっきりとことわって帰ろう。

「おじいさん、だめです。僕には出来ませんから、今日はこれにて……」

と後ろから人の気配が。ふり向くと何と茶色い仔犬ちゃん達が当時タイで大人気のアニメ〝一休さん〟のかっこうをして立っているではないか、もうやばい、逃げるしかない。こんなコスプレ大会に付き合ってたらキリがない。

「武士は喰わねど高楊枝!!」

と日本語で一喝して、皆がひるんだ一瞬のスキを見てその部屋から逃げだした。

「まっまて、三万じゃ三万でどうじゃ!」

というじいさんの泣き声にも似た叫びを後に思い切り走り、その家を必死の思いで逃げ出した。

バンコクの街を走りながら、僕の耳の奥では、

「う～ん、寝てみたい」

とミフネが出ていたＣＭのセリフがこだまし続けていた。

続アジアパー伝

第5話 絶対負けないベトナム人

天気のよい昼さがり
ベランダで
鴨のどたまを刈る。
じゃり
ひでえ
トラガリ。
くーか
くーか
実は私の
散髪屋さん歴は
ながい。
私がまだ小学校にあがる前
母が再婚した。義父は
生涯ヅラの人で
ヅラの上に必ず
野球帽でおさえ。
ちなみにシャンプーは
台所でママレモン。
※もちろん みんな知ってる
ヒミツではない。

1

まだ朝日も昇りきらないうす暗い内から、この所毎日表通りをうろつき回っている。

別に急に健康的な生き方を目ざしたのでもない。

僕が泊っているホテルの目の前にあるイスラム寺院が良くない。

まだ朝の五時をちょっと回っただけだというのに、コーランを大音量で唱え始める。

このヅラの人とゆうのは不思議なとこで神経質で
今は夜の10時ゆうのもわかっちょる。とっが8時閉店ゆうのんも知っちょる。
けどのうなった。今から行くきにそれぱあ開けちょけっ
ヅラ用両面テープがなくなるといつ何時であろうとあわてまくり。
タカヒコ行ってこい
はーい
チン
自分で買いに行かない。
うちの兄ちゃんは小学生から大人になるまでずっと、
家庭に入るとヅラはおろか服もすべてぬぐ。真冬でも川俣軍司ファッションを通す。
いってらっしゃい
ちりちりーん
夜中だろうが何だろうが両面テープ買いぱしりをやらされ続けた。

何でベトナムのホーチミンに居ながら、コーランで毎朝起こされなきゃならないんだ。

そう思うと無性に腹が立って来て、腹を立てると、どうやら血のめぐりも良くなって、パッチリと目が覚めて、ついでに腹がへる。

こんな早朝に、まだ社会主義が体に染みついた、サービスの意味を良く知らないベトナム人が、レストランを開けている訳がない。

しょうがなく表に出る。

大きくがなり立てていたコーランにも、動じず、まだぐっす

もちろん散髪屋には行かないっ
絶対に。
父の髪を切るのはずっと私の仕事。
これが10何年やってても全く
まあ私の現在の絵ガラをみて頂いてもわかるでしょうけどね
生涯何をやっても上達しないどころか
下達するタイプの人間てのがいるワケで
上手にならなかった。
私が17の時のそのトラ刈りは「散髪屋りえちゃん」の歴史の中でも金字塔にかがやくキングオブトラ
やべえ
とゆうそれは見事なできばえで——

りと眠りこけているホテルの門番をたたき起こし、入り口のカギを開けさせて外へ出る。

うすく霧のかかった青黒い空気の中を、ドンコイ通りに向って歩いて行くとすぐに、朝早くから働きに出かける人達のための喫茶店があった。

ホテルの前にたむろする、シクロの運転手達も、どこで、どうやってか行水をすませ、髪から水をしたたらせながらその喫茶店に集まって来る。

毎朝、もう一週間は同じ時間に僕と顔を合わせているので、そのうちの何人かが僕に目であ

それから2〜3日後に父は借金で
首がまわんなくなって、首つっちゃって、
カンオケにつっこんだ時に
あんたこんなみともないトラ刈りで人も見にくるに
カッ
かつらかぶしちゃえ生前どうりだしその方がねっ
お兄ちゃん両面テープかってきて
キミのおとーさんは
ちょきん
プッ
死んだあとまで自分にウソつきつづけたんだねー

いさつをするようになった。

　やたらと小さい軒先に無造作に置かれた、銭湯にあるようなイスに、おのおのちょこんと座っては、目の前に置かれた、小さなコップの中に、コーヒーの粉と湯が注がれたステンレス製の上皿から、ポタリ、ポタリと一滴ずつしたたり落ちるコーヒーを横目で見て、タバコをふかしたり、新聞を読んだりしてコーヒーがコップに落ちきるのを皆黙りこんで待っている。

　サイゴン川からやって来る、甘い、死体から出てくるような腐臭や、ニョクマム、つんつん

目を刺すようなしょんべんの臭《にお》いの中で、目の前のコーヒーの薫《かお》りだけが、やさしい気持ちにさせてくれた。

茶を飲む時、薫りをこんな風に楽しむとは、ベトナム人、なかなかやるな、と感心してしまう。

毎朝、僕はここでフランスパン半切れと目玉焼き、そしてカフェ・ダー（アイス・コーヒー）を注文して、朝日が昇り始める町の様子をボーッとながめていた。

メシ屋のために配達された大きな氷柱が、保冷のためのもみがらにまみれ、何も敷かずに軒先の地べたに置いてある。

冷気のゆらゆらとあがるその氷を、アイス・コーヒーをすすりながら「雑だなあ」と思いつつながめていると、毎朝野良犬が、こいつも必ず同じ時間に登場するのだけれど、地べたに置きっぱなしになっているその氷柱めがけて、「チョロッチョロッ」としょんべんを引っかけ、縄張りマークを氷にまでつけながら、通りの向こうから鼻をクンクンさせてこちらへ近付いて来る。

僕の居る喫茶店だって例外ではなく、使われている氷は地べたに置かれっぱなしだったんだろうし、恐らく別の野良犬にしょんべんをかけられてしまったに違いない。

店の前までやって来た野良犬とまた目が合った。「チェッ」って顔をしたかと思うと、「バーカ」と僕に向って言っているようだ。

いつもひとしきりそんな顔をして歩き去って行く。

コップの中の氷を汚ないとは思っていたが、犬にそんな顔をされて黙っている訳にはいかない。

毎朝アイス・コーヒーを注文し続けた。

勝手に野良犬と勝負していた。

ホーチミンに居る間、もし僕が下痢でもしようものなら、毎朝たのんでいる目玉焼きを奴にくれてやろう、と。

しかしこの町に来て一週間、ウイスキーにも氷、ビールにだって氷、そして必ずアイス・コーヒーを飲んでいたが、僕の体は一度も悪くならなかった。

「今の所、勝負は俺の勝ちだな、ムフフ」。内心大いに自負しつつ、歩き去る野良犬の背中めがけて、腹の中でつぶやいていた。

そう、ベトナムに居る間は野良犬であろうと、油断してはならない。この国に生きている奴ら全てを見ていると、そんな気分にさせられる。

約千年もの間、隣国中国と戦い続け、それが終ったと思えば今度はフランス、アメリカとガチンコ勝負、そして負けない。

中国とも国境をめぐって殺《や》り合い、もう済んだかと思いきやカンボジアに挑みかかり圧勝。何だってそんなに戦うんだろう。どうして引く事が出来ない人々なんだろうか。

2

ある朝、いつものように、同じ時間に喫茶店でアイス・コーヒーを飲んでいると、何があったのか、辺りが急に騒然となって来た。

一緒に静かにコーヒーをすっていた、シクロの運転手達も、通りの向こうから聞えて来るベトナム語の怒鳴り声で、全員が一斉に立ち上がり、そこらへんにころがっている石や、レンガ、角材などをおのおの手に持ち、まるで祭りの山車《だし》が道のかどをまがってやって来るのではないか、と勘ちがいする程の地鳴り、鋭く、大きな怒声を上げながらこちらに向って来る一群を待ち受けていた。

何十人ものホーチミンサンダルの立てる「ペタペタ」という足音が、まるで赤穂《あこう》浪士の討ち入りのシーンみたいなものすごい音を立てて通りに面したビルに反響している。

「……!!」ベトナム語の怒声も近付いて来た。

通りを曲ってこちらに走って来る集団が見えて来た。白人を乗せたシクロ三台をとりかこむようにして、四十人近くものベトナム人が何やら大声を出し、僕の泊っているホテルの前までやって来た。

喫茶店に居たシクロの運ちゃん達も、その外国人達ににじりよって行く。角材をにぎりしめた腕に力こぶを作っていた。目はランランと輝き、殺気を帯びている。

シクロから飛び下りた外国人三人は急いでホテルにかけこもうとしたが五十人は居ようかというシクロ運転手達に行く手をさえぎられ、周りを取りかこまれてしまった。

このままでは本当にリンチにあって殺されかねない。場合によっては止めに入った方がいいのか、そう思っていた時だった。外国人と、一人のシクロの運ちゃんがたどたどしい英語で口ゲンカを始めた。

「アイ・セイ・ワンダラー」と外国人が言うと、

「アイ・ウエイト・ユー・ワンナイト。ディスカウントプライス・スリーダラー・オーケー・ロシアン」

どうやら外国人はロシア人のようだ、シクロ代がおり合わないらしい。「三ドルだ、いや一ドルだ」とケンカをしている。いじましい値段が見ていて何ともおかしい。

そのやりとりの間も、シクロの運ちゃん達はジリジリとロシア人達に近付き、もうすでにいつでも投げられるように、レンガをふり上げている奴もいる。

「ノー!! アイ・ペイ・ワンダラー」

こんなにたくさんの群衆に取りかこまれても、頑《かたく》なに一ドルと言い張るロシア人。よっぽど金がないのか。

「ノー、ノー!! スリーダラー!! アイ・キル・ユー」

シクロの運ちゃんがそれをベトナム語に変えて怒鳴ると、集まっていた連中も遂に「ウオーッ!」と大声を出しながら投石し始めた。

ロシア人は、三人共百九十センチはあろうかという大男達だった。

シクロの運ちゃん達はと言うと、悲しいくらいにチビばかりで、おまけに全員がひどく痩《や》せこけている。

投石と言ったって、体に不釣り合いな大きい重い石を投げるものだから、女投げのひどいフォームで、石も弱々しく弧を描き二メートルと飛ばない。

角材をふり回している奴にいたっては、あまりに長く、重かったのだろう、「ガグッ」と変な音をひじの関節でさせたかと思うと、その場にしゃがみこんでしまった。脱臼《だっきゅう》でもしたのか。

その間にもロシア人達は運ちゃん達のえりくびをむんず、とつかんでは、投げられた石よりも鋭く、より遠くへとベトナム人達を放り投げている。

しかしシクロの運ちゃん達、ひ弱に見えるが実はそうではない。毎日何時間も自転車をこぎ、それも人を乗っけてだ。体力だけならウオツカばかり飲んでいるロシア人達をはるかに上まわっている。

「ビューン」と放り投げられ、「ベチャッ」と地面にたたきつけられても、「ナョーイ、ヨーイ」と一言、泣き言を言ったと思いきや、すぐさま何やら大声で叫ぶとロシア人めがけて突進して行く。

まるで巣を守るミツバチと、幼虫を食らいに来たスズメバチとの戦いを見るように、数で勝負するベトナム人達。ロシア人までとどかなくて、逆に同僚の頭に石が落ちようとも彼方から何度でも石を投げている奴、何度投げられても、すぐにつっかかって行く奴、シクロの運ちゃんは絶対にあきらめなかった。ロシア人が三ドル放り投げるまで、ずっとこの戦いは続くんだろう。

3

勝つまでおりないベトナム人。

朝日は完全に顔を出していた。改めて辺りに目をやると、いつの間にかけっこうな数の見物人が集まって来ていた。

歩道で野グソをしながらじーっとケンカを見つめているすっ裸の子供達、天秤棒《てんびんぼう》に果物を積んだ物売りのおばさんも荷物を下ろしてじーっと見つめている。僕のいる喫茶店に集まって来たおっさん達は金をやり取りしてニヤニヤしている。どうやらケンカで博打《ばくち》をし始めたようだ。

「ロアン！　ロアン！」

とケンカの真最中にいる男が喫茶店の方に向って大声を上げた。誰かを呼んでいるらしい。

するといつも客にコーヒーを運んでいるウエイターのひ弱な男がひょっこりと店の奥から顔を出した。

この男、その昔のキリスト教の宣教師のように頭のてっぺんに毛が生えておらず、右腕がひじの先からすっぽりと取れてなくなっていた。それに体中ひどい傷あとだらけで、何があったのだろう。前々から気になっていた男だった。

ロシア人につかまって思いきりぶん殴られている男が、そのロアンと言う男に目で何かを合図している。

僕の視線に気が付いたのか、

「ケンカ、もう終る」と英語で話しかけて来ると静かに、そーっと戦っているロシア人に近付いて行った。ロアンには他の誰も気付かず、石を投げ、なぐられ、人が飛び、血が流れていた。

すーっと一人のロシア人の背後に回ったロアン、その場に一秒といなかっただろう。そうやって他の一人の背後にも同じように移動し、先程声をかけて来たシクロの運ちゃんに円で合図を送ると、まってました、とばかりに大声で、「ポリース、ポリース」と叫び出した。

あわてたのはロシア人達。逃げようとするのをロアンと目で合図していたシクロの運ちゃんがロアンが背後にピタリと付かなかった一人のロシア人の所へ行き、

「ワンマン・ワンダラー・オーケー、スリーダラー」

と言って手を出した。

してやったりのロシア人、値切りたおせたと思って三ドルを運ちゃんの手の上に置き、そそくさとホテルの中へ、姿を消した。

血を流し、肩で息をしている運ちゃん達。

ロシア人達が去って行った事で、ほとんどの連中はその場から消えて行った。

ロアンの行動に気付いていたのは、どうやらその場に居残った数人の運ちゃんだけらしい。

ケンカのすぐ後なので興奮がまださめないようすの運ちゃん達、しかしもう目は笑っていた。

茶店の小さなイスに座り、「ハア、ハア」と荒い息を整えようとする運ちゃん、僕と目が合うと自信満々の顔で、

「どうだ、俺達けっこうやるだろ!」と言っているように微笑《ほほえ》んだ。

ロアンと呼ばれていたウエイターが、「ホーッ、ホッホーイ」とカン高い笑い声を上げながら運ちゃんのそばに来るとクシャクシャになった一ドル紙幣を居残った四人の運ちゃんに順番に一枚ずつ配っている。

やっぱりだ、ロアンはケンカの真最中、ロシア人のポケットから金をすっていたんだ。

どうりでいつまでたっても警察なんて来やしない。全て計算ずくでやった事なんだ。

見事な連携プレーだった。ロアンに聞いてみた。

「何ドル手に入れたの?」

「ワハハハッ、あのロシア人達本当にビンボーだよ、一人の分け前は七ドルだけだ」

「だけどお前ら、いっつもあんな悪い事してるのかよ」

「何言ってるんだ、これは相場だよ、シクロの連中はボッタクってないよ。あいつら昨晩売春宿つれて行けって言って、朝までこいつら待たされたんだよ」

英語がだめなのかシクロの運ちゃんの一人がベトナム語でロアンに何か話している。

「ロシア人の奴ら、売春宿でも女達にちゃんと金払わなかったんだって言ってるヨ。俺はね、外国人でロシア人が一番嫌いなんだ。ビンボーで金払い悪いクセに、何故《なぜ》か俺達ベトナム人には先生みたいな顔しちゃってさ」

「先生って」

「ほら、社会主義のお手本とか、そんな意味だよ、でも笑えるヨね。そいつらと俺達は米ドルの取り合いでケンカしてるんだから」

フフッと笑う奴の横顔を見ながら、こんなシニカルな発言をするベトナム人に会うのは初めてだと言う事に気が付いた。体の傷といい、見事な手さばきといい、ますます彼に興味を覚えた。

4

それから毎朝、大音量のコーランが流れて来ると目を覚まし、彼の働く喫茶店で朝食を取り、野良犬をニラみつけ、彼と仲間のシクロ連中の話をそれとはなしに聞いていると、ロアンといつもたむろしているシクロの運ちゃん達はいやに仲が良かった。

ロシア人とのケンカがあった日から、ロアンはスリなどはやっていないと言っていた。

客が来ればコーヒーを運び、不自由な右手を上手に使って氷を割り、ジュースの栓を器用に抜いて客に出していた。

帰国を明日に控えた日の午後、ゆっくりと二時間シエスタを取った後に、彼に会いに行った。

うまい具合いに客は彼の友達のシクロの運ちゃんしかおらず、ゆっくりと話をする事が出来た。

今ビーチ・リゾート開発が進んでいるブン・タオの出身だと言っていた。

「いつからホーチミンに住んでいるの」

「いつ頃かなあ、八四年頃だったと思うよ」確かめているのか、ベトナム語で運ちゃんの一人に話しかけている。

「そう、八四年からだ」

「何、その頃からみんなと友達だったの」

「いやあ、もっと前さ、ここに居る四人と俺はカンボジアに出兵した時出合ったんだ」

一九七八年頃からカンボジアのポル・ポト派ゲリラはベトナムへ越境しては勢力を広げようとしていた。ほんの数年前に南北統一の夢を果たしたベトナムであった。国内は荒れはて人々は疲れきっていたのにもかかわらず、断固としてポト派の侵略を許さず、戦いをいどんだ。その結果、ベトナムの行為を、ちょっと前までこっぴどくやられまくった欧米は逆にカンボジアへの侵略行為と非難し、それから十数年にわたって経済制裁を受けるはめになってしまった。

今となってはベトナムが正しかったのか、それとも欧米の意見が正しかったのか、それは確かめようのない事かもしれない。

しかし、ベトナムという国は勝つまで引かない、という証明のような出来事だったのではないだろうか。

「俺達五人は出兵先のクラチェという所で一緒だったんだよ」

「そこに何年くらい居たの」

「まあ、色々な所に移動させられたけどカンボジアには四年居た」

「長かったね」

「そう長かった。ポト派って奴らは本当に恐しいよ、作戦で移動していた時見たんだけどさ、ベトナム兵を八つ裂きにして道に放りっぱなしにしてんだよ、頭、手足、胴体に分けてな」

「…………」

「でな、奴らの拷問がすごいんだ。ベトナム兵つかまえたとするだろ、すると頭だけ出して体を土の中に埋めちゃうんだよ、そうしてな、ガソリンかけて火付けちゃうんだから」

「それは拷問じゃなくて処刑じゃないの。何も軍事機密を聞き出す事、出来ないと思うんだけど」

「そうなんだ、奴らは殺す事しか考えてないからな……」

「ベトナム兵はポト派ゲリラにどんな事したの」

「ゲリラの下っぱの奴らだったら足かせして船に乗せるんだよ。そして船に穴開けといてな。バケツ一つやるんだよ。そして川に放り出すんだ。必死になって水をかき出す奴らを見ながら、俺達は岸で腹かかえて笑うんだよ」

「…………」

「そして情報を持ってそうな奴だとすると、身動き出来ないようにして、ある部屋に閉じこめるんだ。部屋の天井から一滴ずつ水をそいつの頭のてっぺんに落すんだよ。それを何日もやっていると、そこの髪が抜けて、皮膚が破れて来て、あれはそーとー痛いみたいだよ、全員口を割ったね」

「ロアンの頭もそれやられたの」

「バカ言うな、これは……その……」

友達のシクロの運ちゃんの一人は今まで黙っていたが、どうやらかたことの英語が出来るのか、いい淀《よど》んでいるロアンのかわりに話し出した。

「ロアン、ものすごい不幸な男、ワハハハ、ホーイ、二百五十人の隊員の中で、こいつ、一人だけ、頭の骨、右腕なくした、フフフッ」

そう言ってロアンのハゲの所をペシペシと軽くたたく。よく見ると骨がない。たたかれるたびにそこだけペコペコとへこんでしまう。

見ていた他の三人もじゃれ始めて、ロアンの頭蓋骨のない所に指を押しつけたりつついたりしている。

「やめろよ」とでも言っているのか顔を赤らめてテレくさそうにしているロアン。

「そうなんだよ。俺一人だけ、ある日一発だけ俺達の部隊に迫撃砲弾が落ちてな、神さまっていうのは居ないね。俺だけに破片が飛んで来ちゃってさ。このザマだ」

「ロアンそれだけじゃない、ベトナム一不幸な男、ホッホッホーイ」

「何があったの」

「……言いたくねーなー、まあいいか。それでさ、ブン・タオに帰還してみたらさ、女房と娘二人、行方知れず。俺が居ない間に新しい男作っちゃったらしくてさ、近所の人の話だとサイゴン（現ホーチミン）に行くって言ってたらしいんだ。俺探したよ、何年もな。女房はもう別にどうでもよかったんだけれど娘がな、未練があって」

「それで見つかったの」

「いいや、だめだった。サイゴン中、隅々まで歩き回ったんだけどだめだった。ちょっと待ってろ。一枚だけ写真あるから持って来てやる」

ブン・タオの浜辺で撮《と》った写真だった。奴のカミさんはどこにでもいるような普通のベトナム女に見えた。娘の顔が、なる程未練がのこるのがよく判った。二人ともロアンにうり二つだった。

「もう死んだと思ってあきらめているよ」

辺りには帰宅するバイクの群れが出始めていた。「カカン・カンカンカン」竹を拍子木《ひょうしぎ》にしたのを器用に片手だけでリズムを取って、中華そば屋の小僧が出前取りに歩道をやって来た。

5

　もうすぐ日が暮れる。いつの間にか話していたら時間がだいぶたっていた。

「スリのテクニックはいつ覚えたの」

「家族を探しにこっちに来てからさ。軍人恩給なんて無いに等しかったし、おまけに地元じゃないとくれなかったしな。それに金はほんの少しで他は米の現物支給だろ、この体で米かついでうろうろ出来る訳ないからな」

　話を聞いて運ちゃん達はウンウンと頷《うなず》いている。

「この体でスリをやるとは誰も思わないだろ、そこだよ、うまく行った理由は。でもある日こいつにばったり会って、訳を話したらこの喫茶店で働けってさそわれてさ。給料安いけど安定している方がいいって。それからさ、この喫茶店で働き出したのは」

「ずっとここで働くの」

「いいや、二ヵ月後にはこの喫茶店閉まるんだ、都市整備開発さ、こわされて終り」

「じゃあ、どうするの」

「田舎に帰るよ。一人で……。姉さんの家族がまだ住んでるからさ。そこで何か働かせてもらうさ」

もし戦争がなければロアンの人生はどんな風に変っていたのだろうか、率直に聞いてみた。

「そんな事今頃言われてもわからないよ、学校もロクに行ってない俺達は軍隊に入るしか道がなかったんだから」

「国を守るため、そういう考えはあった？」

「いや、無いね。軍で給料もらえる、その事しか考えてなかったから。それに軍に入らなければいけない世の中だったしな」

「ベトナムという国はずっと戦争に敗れていないと思う」

最後の質問をしてみた。貧乏にあえぐロアンのような男は自分の国の事をどう思っているんだろう。以前ロシア人とのケンカの時、ポツリとつぶやいた「ロシア人と俺達は米ドルの取り合いでケンカしている」、その言葉が気になっていた。

「俺のとうさんはその昔、北の共産党軍に殺されたんだよ」

「………」

「俺は……」と言って声をひそめた。

「ホーチミンなんてクソったれなんだよ」

「……でも南北統一はあの人のおかげじゃないのかな」

「祖国が一つになる事はそれはいい事だよ、でもな、自分のおとうさんが北の奴らに殺されたんだよ、俺の目の前で。まだ子供だった俺の目の前でな」

「でもそれを言ったら北だってたくさんアメリカ軍に殺《や》られたし……」

「うるせーんだよ。だから幸せな国の奴らって嫌いなんだよ。憎しみっていうのは忘れられないんだよ。家族を失うつらさをお前は知らなさすぎだよ」

それじゃあ戦うというのは憎しみをぶつけ合う事なのだろうか。正義など何もないではないか。

「じゃあロアンの意見だと憎しみのために戦う、と」

「おう、そうだよ」

「………………」

シクロの運ちゃん達もいつの間にかおし黙ったままである。軍隊時代の事でも思い出しているのだろうか。

「国のためとか言われて、無理やり軍に入れられて、したくもないクメール人殺しまでさせられて、最後はこの体で、気が付けば一人ぼっちだよ、俺は除隊してから英語を勉強したんだ。と言っても金が無いから学校なんて行けやしない。だからツーリストに一生懸命話しかけてさ、覚えて行ったんだ。何故か判るか？　俺はアメリカに行きたいんだ。いやどこでもいい、外国ならな。この国にはいたくないんだ。おとうさんを殺した奴らの下で国民となってはいたくないんだ」

でもパスポートはなかなか発給してくれないのが現実だ。一生無理だろう、ロアンが他の国で生活するのは……。

「おい、日本人。最後に言っておくぞ。国なんて何も自分達を守っちゃあくれないんだ。国のために何かしようなんて絶対考えるんじゃあないぞ。お前の国は自由なはずだ。どの国でも住める覚悟だけは持っていろよ」

「はい、そのつもりでいます」

「本当だぞ。家族だけだぞ、大切にしなくちゃいけないのは。明日帰るんだろ。授業料と思って皆にコーヒーおごってから出発しろよ、明日待ってるからな」

出発の日、僕は二度と会えないだろうロアンと握手をして、礼のつもりでシクロの運ちゃん達にお別れのコーヒーをごちそうして空港へと向った。

タクシーを下りいざ金を払おうとした時、あるはずの僕の金が全てなくなっていた、トラベラーズチェックをのぞいて。

勝つまでおりないベトナム人。

今頃ロアンはまた友達のシクロ運転手達と、例の「ホッホーイ」というカン高い笑い声をあげながら僕の金を分けあっているんだろう。

第五話　絶対負けないベトナム人

やっぱり最後の最後になって、僕はベトナム人に完敗した。
出発の時間、モーレツな下痢にもおそわれた。ベトナムの、犬にも敗けた。

続アジアパー伝

鴨志田　穣　え・西原理恵子

第6話 インドの不思議

だいたい今の日本人はガイドブックお気軽旅行ばっかしやがってー
なぜ自分の足でさがさない、たしかめない。
オレは一人でどこでも行く生水飲む
オレは人肉以外ならなんでも食えるぞー
酔うとすぐでる鴨の唯一の自慢→
あらじゃあ人糞は?
え
精子は
尿は
おゲロを飲むってのもあるわよー
カラカラ

1

赤茶けた、ちっとも美しくも何ともない波が打ち寄せている。崖《がけ》の上にある掘っ建て小屋のすみでビールを朝から飲み続ける。この浜に来て十日目、毎日そうしていた。

頭のてっぺんのつぼに針をさされたようにフワッとした気分になっているのは、アルコールのせいではない。起きぬけにキメたハシシがまだ残っているの

何がどこでも行けます何でも食べますぅ？
ほーほっほっ
ちゃんちゃらおかしくってよ
ああ
ええ
う
ハッテン場もミックスルームも一人で行けるのねー
ハゲのボーヤー
店中のホモの笑い者
ホモのバカー
三丁目で男のプライドズタズタ
だから大阪のおばちゃんにちんこがついてるよーな生き物に勝てるワケでなくてさー
あーんあーん
ぶんぶん
ぼくは昔アジアでアメーバ赤痢にかかってね

だろう。

アラビア海からやって来るなまぬるい潮風に当りながら、欧米のバックパッカー達は僕のいる同じカフェで、気ままに、死んだ魚のような薄い膜の張った、ドロリとした目で、指だけは勤勉に正確に動かしながら、せっせとジョイントを作り、仲間と回し喫《の》みしている。

このカフェからちょっと歩いた所にある駐車場には、さっきから小型のバスがひっきりなしにやって来る。ちょっとした金持ちなのか、インド人観光客がぞろぞろとこちらへ歩いてやっ

て来てはカフェの目の前にあるみやげ物屋を物色している。

遠目に見ているとまるで蘭《らん》鋳《ちゅう》の群れがよちよちと泳いでやって来るように見える。極彩色のサリーを身にまとった異様にふとったインド人のおばさん達が、僕達の姿を目にすると、あからさまに軽蔑《けいべつ》した視線を向けて来る。

すぐ横にいたバックパッカーと偶然に目が合うと、

「かまいやしないさ」

といった目付きでニヤッと笑いかえして来た。この若者は僕がここでビールを飲んでいる

間、ほとんど休みなく、ハシシを吸っていた。彼の周りだけ空気が違うみたいにどんよりと澱《よど》み、十くさいバージニアングラスのようなハシシの匂《にお》いをばらまいていた。

「それよりあれを見てみなヨ」

と指さす方を見てみると、インド人観光客のたむろするみやげ物屋のある崖の下に波の浸食のせいだろう、やけに大きな、あぶなっかしい亀裂が縦に長く入っていた。

彼が大きく指でVサインを出したかと思うと、

「俺、待っている、あと二カ

月、インド人死ぬぞ、ワッハッハッ……」

「毎日それを見にここへ来てるのか……」

「そう、あそこ、だんだん、大きく、だんだん長くなって来た、あと二ヵ月だ、たくさんインド人、死ぬぞ、ワッハッハッ……」

若者はくぐもった声で低く笑いつづけている。崖の高さは二十メートルはある。もし人がいる時にあの亀裂がはじけたら、間違いなく何人もが海へ落ちて死んでしまうだろう。

蘭鋳が海に落ちて死んでしま

うのか、そう思うと僕の頭の中でもドス黒いジョークが思い浮んでしまい、ついふき出してしまった。

こんな事を思い浮べるのも、ビールのせいではあるまい。やっぱりまだ抜けていないんだな、ハシシが……。

雨期があけて間のないインド西部海岸にあるゴア。その中でも最もクスリを求めてやって来るバックパッカーの数が多いと言われているアンジュナビーチに来ていた。

欧米人の姿はまだ少ないとインド人のプッシャーが教えてくれた。完全に夏になるまで、奴らはネパールあたりに居るんだ、と説明してくれた。

「日本人も来るのか」

と聞いて見ると、真夏の最盛期ともなると、ここに来るバックパッカーの十割近くが日本人なのだそうだ。

「日本人は今はまだお前を入れて五人だけだ、これからしばらくするとこの浜は日本人だらけだよ。品物がいくらあっても足りないくらいさ」

「へえ、そうなんだ。何、じゃあ、ここに来る日本人はほとんどの奴らがクスリ目当てなのか」

「当り前じゃないか、他に何がある。しかし日本人てのは好きだね、クスリが……。そういえばお前、まだあるのかハシシは、今なら安くしとくぞ……」

「いや、いい」と手をふってプッシャーを追っ払い、再びビールを飲みながらインド人の団体観光客を見つめる。

2

つくづくおかしな浜に思えた。

一九八〇年代までこの浜はヒッピー連中にとっていわば聖地のような所だったと聞いていた。僕が初めてインドを旅したのは八七年の事だった。まだその頃でも安宿で知り合ったバックパッカー達は皆口をそろえて、

「ゴアに行く。あそこはいい所らしいぞ」

と言っていた。

結局その時は何がいいのか聞くのを忘れてしまい、僕は他の町でクスリに手を出し、そこから抜けられず、ネパールへとまったく逆の方向へ進んでいった。

何がいいのかと言えば、インドという国全てにおいて、それこそ何がいいのか初めて旅行した時から今だに判《わか》らない。

人はさわがしいし、すぐに嘘《うそ》をつくし、ほとんどの場所で酒は自由に飲めないし、それに日本人の僕にとってはこの国のメシはカレーだけとしか思えない。おまけに美味《うま》くもなんともない。それに今頃のメシ屋はどこも同じ味のカレーになってしまった。市販のルーを使っているんだろう。

寺院なんてただの観光名所だから、そういう所には決ってツーリストからボッタクってやることしか考えていない輩《やから》にしか出合えず、いやな思い出をわざわざ作りに来ているだけではないか。

たしかにガンジス川はすさまじい光景だったし、遠くからのヒマラヤ山系の眺めは、神が宿る山だなと確信したりもした。

だけどそんな絶景を目の当たりにしている時でも財布とカバンが盗まれやしないか、と気が気ではなく、片目だけは常に刑事のようでなくてはならない。

疲れに来るためだけのような国だ。結局この国が世界の若者を惹《ひ》き付けてやまない一番の理由は〝クスリ〟〝ドラッグ〟なんじゃないか、僕にはそうとしか思えない。

ガンジス川のほとり、聖地と言われているバラナシなどには祭事の時などのために、インド人達に売る、政府直営のマリファナの売店まであるくらいだ。

政府がそういった物に手を染めているんだから、今時のベルギーやスイスなどより、よっぽどクスリ先進国と言えるだろう。

ついでに欧米の若者にクスリの味を覚えさせておいて、若者達は自分の国でもやめられず治療にはげむ訳だから、やっぱりインド人てたちが悪いな、と思ってしまう。

もしかしてセポイの反乱の続きを今だにやっているんだろうか、本気でそんな事を考えてしまう。

そう言えばプッシャーがこんな事も言っていた。

「毎年、ヒッピーがやって来る数がどんどん減っていって、それと反対に日本人がここにたくさん来るようになった」、と。

ヒッピーの生き方などよく判らないけれど、団体観光客がおしよせて、周りをうろうろされれば、「自然に帰る」という事をスローガンにしている欧米のヒッピー達は、いくらクスリが簡単に手に入る場所だとしてもやはり自然と足は遠のいてしまうだろう。その気持ちは何となく判らないではない。

3

ふと誰かの視線が気になりカフェの外に目をやるとバイクにまたがった二人の日本人青年が僕の事を興味深そうに見つめていた。

「よう、こっちおいでよ。ビールおごるからさ」

大きな声で二人を呼ぶとニコニコしながら僕のテーブルの前までやって来た。二人共頭を丸刈りにし、まだ日本を出て間もないんだろうか、肌がちっとも焼けていなかった。そしてこれまた間ぬけな事に二人共鼻血をしたたらしており、しきりに「ズズッ」とすすっている。目の周りもするどくつっ張っていて、そのくせ黒目がぼんやりしている。何かキッツイのをキメているんだろう。

「こっ、こんにちは」と頭をペコッと下げる二人、だめな高校球児のようだ。

「一人で寂しかったからさ。ちょっとつき合えよ、二人共ビールでいいだろ」

「あっ、はい、それじゃいただきます」

話を聞くと神奈川から来たということだった。二人はまだ二十歳のフリーターだと言った。

「何、いつ頃インド来たの」

「五日前です、デリーから入ってムンバイ、そしてここに一昨日来ました。格安チケットで来たものですから帰りの日が決っちゃってるんです、二十日後にはカルカッタから日本に帰らなきゃならないんです」

「この後は……」

「ここにあと一週間居て、やっぱその後はネパールですヨ。山見ながら吸ってみたいし」

「帰りのチケットなんてこっちで買えば良かったじゃないか、それの方が自由でいいだろ」

「いや、だめです。有り金全部クスリに使いそうで……自信なかったス」

「ところでその鼻血はどうしたの」

「いやあ昨日プッシャーにハシシたのんだんですヨ、でもこっちの方がいいって言われて、ヘロイン、買わされちゃったんです。まっいいかってんで、二人で吸いすぎて、このざまでス」

内心、ヤリ口が僕の時と変ってないんだなあ、とおかしくなってしまった。ヘロインはたった一日吸い続けただけで肉体的な中毒になる。切れた時のひどい腹痛や関節の痛みがそうだ。

それに何故《なぜ》か怠惰になり、そこから次の旅に出発しようという気になかなかなれない。

プッシャーにとっていいカモになる訳だ。プッシャーは全てを知っているし、それに奴らもヘロイン中毒だったりすると、勝手に売りつけておいて、その後勝手に友達になって、勝手に一緒に吸い始めるという事がよくある。

十三年前の僕がそうだったから……。

「体に悪いからやめておきなさい」

と言ってあげたかったが、さすがにそれは意味がないと思い、やめておいた。

彼らはそれが目的でここに来ているのであり、ここはゴアだからだった。

ただ、やはりその当時ジャンキーのスイス人に忠告された事をそのまま彼らに伝えた。

「ジャンキーから聞いた話だからマヌケだけど、ヘロインはバカはやるな、って言ってたよ。一日吸ったら三日はやるなってさ。それさえ守れば中毒にならないんだって……」

「フフフッ、俺バカでいいス。ヘロは日本じゃ高いスから、ココで思い切りやりたくて来たんスから……」

「まあな。エッ、なに、日本でも何かやってるの……」

「ええ一通りは、イラン人なんかから買ってます。奴ら何でも持ってますヨ」

「そう言えば今ここには日本人五人しか居ないんだって、他の人見なかったかな」

「昨日チラッと見かけましたよ、何だかだいぶ年のいった人に見えたなあ、四―五、六くらいじゃないかと思います。でも俺らの姿見付けるとさっと逃げるみたいにしていなくなりましたから、まだ話はしてません」

「へえ、おじさんが居たんだ……」

4

一人の青年がさっきからしきりに顔をしかめ、腹をさすっている。禁断症状が出始めたようだ。

「あのお俺らちょっと部屋帰っていいスか。腹が、イッ、イタくて……」

「ああ、いいよ。まあほどほどにな」

「しっしつ礼します」

と言ってバイクにまたがり、自分達の寝泊りしているゲストハウスへと帰って行った。

あまりに無謀で、無知で、とにかく本能のおもむくままに動いている二人だった。

「後になって大変な目に遭うぞ……」

と思わずつぶやいていた。

まあ、自分達が納得してやっている事だから、ちょっと年上だからってえらそーな事は決して言えない。僕もガキの頃に同じような事をして、大人の言う事なんて絶対聞こうとしなかったんだから。

僕は片道キップだったけれど……。

彼らは日程の決った、ジャンキーへの旅という事に不自由さを感じないんだろうか。

それがすごく不思議だった。

彼らは日本で生活している時も、ドラッグに接して生きている。

それも何だか不思議な気がしてならない。

日本で出来るのに、どうしてこんなインドあたりまでわざわざやって来て、試そうなんて考えるんだろう。

ただ安値だから……。

少なくとも、僕がまだ彼らのような若者だった頃、日本でマリファナをくゆらしている友人、知人というのは一人もいなかった。せいぜいヤクザ屋さん方面でシャブかシンナーだった。

「インドに行けば何とかなる」、そんな事をみんなで言いあっていた。

どんな風になってしまうのか、楽しみでしょうがなくて、この国に着いてすぐに、カルカッタの安宿でさっそく門番をしていたにいちゃんに金をにぎらせて、マリファナを買いに行かせた。

ドミトリーと呼ばれる、安宿の中でも特に安い部屋、十人くらいでザコ寝するその部屋でヒザをかかえてワクワクしながら待っていると、しばらくすると古新聞をピンポン球大に丸めた物を門番がそーっと手わたしてくれた。

「ベリーベリーグッド。スペシャル・クオリティ」

と耳もとでささやいたと思うと、その男はすーっと姿を消した。

どうしてよいのかも判らず、とにかく取る手ももどかしく、タバコにつめ直し、一服。

なんかくさい。

火の点《つ》きも悪く、すぐ消える。

もう一度火を点け、体をふるわせながら、思いっきり煙を肺に流しこむ。

やっぱりくさい、それに何も変らない。

思っていたよりも時間がかかるのか、そう思い、何度も煙を吸い、目を閉じてみたり、耳を澄ましたり、手を見つめたりした。

おかしい、何も変ってくれない。

ふと横を見ると、ベッドに腰かけた白人の男が声を立てず、僕を見つめ、体をふるわせながら必死になって笑いをこらえていた。

目が合った。こらえきれなくなったのか、その男、部屋がビリビリという程大声で笑い始めた。

5

「これ上物だって言ってたんだけど……」

とその男に話すと、

「お前、バッカだなーっ、ワハハハ。初めてか、バッカだなーっ、ワハハハ。それお前、牛糞《ぎゅうふん》だよ、ワハハハッ」

酢を飲まされたような気分になった。

初体験が羊のシリの穴で、それをそーっとドアの隙間からのぞき見されたようなものだ。門番に腹を立てるより、とにかく恥ずかしかった。

「ちょっと待ってろ、ワハハハ。インドに来て、こんなに大笑いしたのひさしぶりだよ。グッド・クオリティ、作ってやるから、ワハハハ……」

そう言って、やっと笑いがおさまったのか、隣りのベッドの白人は、「フーッ」と大きくため息をつくと、シガレットペーパーと、本物のグッド・クオリティをバッグの中から取り出し、見事な手さばきで細い一本を作り上げた。

正確な指使いと、うっとりとした目付きでノリの付いた部分を、舌でなぞって行くそのさまを見せつけられて、その一瞬で彼は僕のハッパ先生になってしまった。

まずその白人がきれいに仕上った、つくしん坊のような細いそれに火を点ける。

火の点きをたしかめて、その後思いっきり煙を吸いこむ彼。

「くん、くん」とノドの奥にまるでタンを少しずつ飲みこむかのように、煙と肺の中におしこんで行く。

口を真一文字にむすび、鼻から勢いよく空気を吸いこむ。これから素潜りを始める時のように胸を大きく広げると、それを見ていた僕もつられて息をとめていた。

彼の目は何かを確かめるかのように宙をさまよっている。体に入れた空気を外に出さないように彼は

「ムッ」と鼻で声を出して火の点いたのを僕によこした。

「おお、これが待ちに待ったハッパか。グッド・クオリティか……よし、今見ていた彼のやったように、タンを飲んで素潜りすればいいんだな」

と心の中で復習し、思いっ切りノドの穴を広げて煙を吸いこむ。

なんとイガラッぽいんだ。ノドがいや、いやと言っている。ガマン出来ずに「グワハッ」と煙をはき出してしまった。

これまたものすごくノドがひりひりして胃がキューッとよって来てもどしそうになってしまった。

彼は横目で僕を見、目だけ笑うとやっと煙をはき出した。

もう一度同じ事をくり返す。

僕もその後を追うが、やはり強いイガラッぽさでついはき出してしまう。

でもそれを何度かくり返している内に体が変化して来た。

部屋の天井からつるされている大きなファンの音がものすごく大きく聞こえて来て、その風もやたらと感じるようになって来た。

部屋の外でさっきから聞こえていたインド人達の立ち話が、どういう訳かアメ横の魚屋さんのダミ声に聞こえてくる。

「ハイ、安いよ。マグロ、マグロ、上物だよ。ハイ買った。マグロ、マグロ……」

ハッと我に返る。「なる程僕はキマッたんだなあ」と自分の体を見てみようと手をもち上げる。腕とは何と重いのか、手のひらをまじまじと見つめるもののもち上げた腕が重くてしょうがない。

ベッドに腰かけていたが体が半分くらい沈んでいるような気がして来る。

いつの間にか頭の上のファンの音が、ヘリコプターに乗っている気持ちにさせた。

外ではあい変らず魚屋さんが、

「マグロ、マグロ、上物だよ……」

とダミ声を出し続けている。

気が付くと一本を僕のために作ってくれた白人は自分のベッドにゴロンと横になり、天井をじーっと見つめている。やはりその目はなにかを確かめるようだった。そして……。

「グッド・クオリティ・牛糞。グッド・クオリティ・牛糞」

とくり返し一人言を話し、何度かクスッと笑っていた。

いつの間にか僕達は深い眠りに入ってしまった。

6

僕のハッパ先生はスコットランドからやって来たスティーブと言った。

その時彼は三十二歳で、もう一年もインドをうろついていると言っていた。

僕は彼と十日程行動を共にしていたが、ガンジス川のほとりの町、バラナシで別れた。

彼もしきりに、

「ゴアはいいよ、一緒に行かないか」

とさそってくれたが、僕はもうその時すでに人力車のジャンキーにヘロインを体にたたきこまれ、身動き出来ない状態になっていたのだった。

彼は僕があぶない行為をしている事に気が付いていたが、決して「やめろ」とは言わなかったし、僕がいくらさそってもケミカルには手を出そうとしなかった。

彼がゴアに向おうとする出発の日、最後に僕に向って言った言葉は、

「ほどほどにな……気を付けて……」

だった。

今になってゴアにやって来て、以前の僕のような無茶な日本人の若者に出合って、つくづく理解出来る。

「ほどほどにな」

しか言えないんだ、この国では。それに、

「僕はバカでいいんだ」

当時の僕も確かに言っていた。

少しばかりの昼寝をして、美味くもなんともない晩メシを摂りに、サメの身が入ったカレーを出す店に入ると、昼間の青年二人組が言っていたと思われる中年の男性が一人ポツンとビールを飲んでいた。

こんな所にいるのに髪はしっかりと七三にしており、顔には銀ぶちの眼鏡《めがね》。バンコクの屋台などでよく目にする象の絵のかいてある「THAILAND」と英語のプリントがされた白いTシャツに、ボロボロの黒いスラックスをはいていた。

背すじをピンとのばしてイスに座り、ジーッと沈んで行く夕陽を見つめていた。

声をかけようかどうしようか、一瞬ためらったが、

「日本人の方ですか」

と思い切って声をかけてみた。

急に日本語で声をかけられてビックリしたのだろう。僕を見上げながらその人はしばらく声が出せなかった。

「そこ、座ってもいいですか……」

ともう一度話す。

「え、ええどうぞ」

とどぎまぎした調子で言葉を返して来た。

話をするキッカケを作りたかったので僕もビールを注文した。

「ゴアはもう長いんですか」

「え、ええ……」

ええしか言わないおじさんだった。

「一人で」

「ええ、まあ一人で……」

「どれくらいここに居るんですか……」

「もう三ヵ月かなあ……。雨期とか何も知らないで来たものだから、人が居なくて、この頃やっと日本人を見るようになりましたね。何だか若い奴を昨日見かけましたよ。あなたはお一人で……来たのですか」

「ええ十日前に」

「ここは気に入られましたか……」

「特には。みんなゴアはいい、って言うから来てみたんですけれど。そりゃ都市のきたない空気吸っているよりはいいですけどね。あなたこそどうですか。三ヵ月も居るんだったらやっぱりここが好きなんでしょうね」

「他の町よりはいいだけです。インドなんか好きじゃない。くるんじゃなかったって、反省していますヨ」

変った人だ。年かっこうといい、以前ヒッピーの聖地と言われたこの場所に最も似合わない人じゃないだろうか。

「でも、じゃあなんでここにそんな長い間居るんですか」

「ええ、まあ……」

あまり話したくないのか、それだったら別にどうでもいい。

「僕は若い奴らが嫌いでね。今日外に出たのもひさしぶりなんですヨ。一週間ぶりなんです。いつもゲストハウスの部屋から僕はほとんど出ませんヨ。若い奴らと何を話して良いんやらさっぱり判らないものですから。それに英語もほとんどダメなんです」

「でもここは若者のためのビーチみたいなものじゃないですか。そんな事言われてもねえ」

「ええ、それは判っています。でもどうしていいか、何を話していいか判らなくて、だから部屋で、ハッ、ハシシをずっと吸っています」

「ハシシはやるんですか」

「ええ、バカになりそうで、本当はあれも好きじゃないんですけれどね。まあ、何でもためしてみないと、やっぱり」

「じゃあ、何をしにここに三ヵ月も」

もう一度聞いてみた。

その中年はしばらく僕の質問に答えず、また水平線に目をやった。

「私、二十年勤めていた会社を辞《や》めて、旅に出たんですヨ。もう日本を出てから二年になります。一体自分がどうしちまったのか、判らなくなってしまいました。ハシシなんか吸って、一日何もしないでダラダラして、これは自由なんですか。自由ってこんな事を意味するんですか、教えて下さい。真の自由って何ですか……」

それは僕にも判らない。

続アジアパー伝
第7話　インドの不思議②

このパー伝単行本の担当は村松さんとゆう方で…
これはこれはお世話になります
いえいえ
もちろん担当になっていただく前から雀荘やその他でのみ顔見知りであって、さて単行本一巻の打ち合せ——
私の単行本ポリシー
読んで頂く方が気軽に買えるようにお昼の定食より安く。しょせんはお笑い本。ぺろぺろのうすい表紙でどこでも持ってけてどこでも捨てられて
文学じゃないんだしオビなんかいらない。カバーもいらない。
その分安く千円以下に五百円以下に
西原さんのおっしゃる事いやあごもっとも
ぼくはぼくのイケンはあ
三時間以上熱弁をふるった私。
おっしゃること参考にさせてつくらさせて頂きます。

1

ビーチ沿いに点在するいくつものレストランが、おのおの好き勝手に大音量で音楽をたれ流している。

一番近くの店からは誰が名付けたのか、〝ゴア系〟と言われているテクノミュージックが聞こえて来て、軒先の小さな明かりの下、頭がツンツンしてくるシンセサイザーの音に合わせインド系とおぼしき女が一人、激

しく、妖艶《ようえん》に、人目もはばから
ずに踊り狂っていた。

　おじさんも僕と同じ思いで、
その女を見つめていたようだ。

「うらやましいなあ……」

と一人言をつぶやいた。

　うす暗がりによくよく目をこらして見ると、思っていたより人の数が多い事に気付いた。

　日に日にこの砂浜へクスリを求め、集まって来るバックパッカー達が多くなって来たのだろう。

　ピーク時にはその集団の半数以上が日本人だと言われている。

さて村松氏であるが顔が激しく紫赤い。
あの人はアル中か降圧剤でも飲んでるの?
土屋へんしゅうちょ
何いってるんですか
健康なんですよ顔色いいだけ
あの人
現代担当金田氏
バカケンコーなんですよ
何いってんですか顔ぴっかぴかじゃん
村松氏健康診断結果ガンマGTP 1000
初対面の私が一目見てあきらかにおかしいと気づく顔色なんで同僚として気づいてあげないの
すげえや裏ワザみたいな数値カンドラもろノリってカンジ
ゴールド村松だ。たたくとコインでるかも
で、村松氏がコウゆう具合であるので今回の弟二巻こそ安くてペラペラ本になっているハズ。
どうですかみなさんこの本千円以下でカバーなしオビなしですか?

僕達のすぐ横で、欧米の若者達が煙を吸い、白い粉をいぶし、又ある者は粉をそのまま鼻から吸いこんでいる。

彼らにまじって、日本の若者も同じ事をするのだろうか、それも大勢で。

それを考えると、何だかこそばゆいような、照れくさい気分だった。

「真の自由って何ですか」と聞いて来た、僕の目の前でうつろな目でビールを飲み続けているおじさんは、「ゲン」と名のった。

二年の長旅で、色々な事があ

ビルマで出家してた時
尼さんと坊さんはもちろん
話すのは禁止で――
物陰にかくれて一人の
若い坊さんが私に話しかけてきた。
もう16年修業している
彼は、カタコトの英語で
「あなたはその尼の衣を日本に帰っても、ずっと着ますか」
私は
「心の中で着ます。」と

ったのだろう、憔悴《しょうすい》しきったその表情はこれから先も続くにちがいない。赤の他人の僕ではあったが、これからのゲンさんの旅が心配になってしょうがなかった。

「この浜にはいつまで居るんですか」

ゲンさんが突然聞いて来た。

「いい加減あきましたよ。それに何だか人も増えて来ましたしね、ハシシばっかり吸ってるだけでつまらないんで、もう四日も居たら他の町へ行きますよ、それよりゲンさんこそ、どうするつもりですか？」

なんだか一休さんのようなヘリクツをこねてしまって
今だに みょうに 恥ずかしい。
彼は まだ あのお寺で
修業しているにちがいない。

「え、ええ。何も決めていないんですが、まだ一月程ここに居ようかなと思いまして」

「そんなに居るとあなたのきらいな若者だらけになっちゃいますヨ、ここが。それでも居ますか」

「ええ、まあ、ね」

「もうすぐこの浜、日本人だらけになるそうですね、知っていましたか」

「ええ、そうらしいですね、別にそれはかまいませんよ、たまにしか外には出ませんから」

　旅に目的などなくていいと思っている。その人がやりたいように歩き回ればいいと思う。でもゲンさんは何か人とは違う目的を持っているような気がしてならなかった。何かを見てみたい、感じてみたい、そう思って海外に飛び出した人には思えない。

「ところでゲンさんは、今まで二年間も、どこを旅して来たんですか」

「若い奴らと一緒ですよ、嫌いだなんて言っておきながらやっている事は一緒なんですからね、シャレにならない。まずはバンコクのカオサン通りからのスタートです」

「それで、どんな国に」

「東南アジアも全て回りましたよ。地続きだからたいした違いはないだろう、なんて勝手に考えていたんですけれど、国と言うか、民族って本当に違うんですね、国境を越えると、途端に空気というんでしようか、変化してしまうんですから、あれはおもしろかったなあ」

「どこの国境が一番おもしろかったですか」

「私としてはカンボジアの国道一号線をそのままベトナムへ入るゲートが一番おもしろかった。カンボジアって田んぼのイメージしかなくて、そして農夫は働くか、寝ているか、それとも笑っているか、それしか僕の目には入ってこなかったんです。それがベトナムへ一歩入ると人々の目が急に険しくなってるんです」

「ああ、あの国の人達ってスキがないと言うか……」

「そうそう、スキがないんですヨ、ふふっ……カンボジアはスキだらけのいい奴ばっかりでしたね。それで何がびっくりしたかって、国境の小さな町で一泊した時に宿の周りをうろついたんですけれどね、見付けたんです。一軒の貸本屋さんを。カンボジアでは私の見たかぎり一軒もなかった。ああすごいな、ベトナム人って本を読むんだってね」

「ワハハ、極端な言い方しますね。クメール人がその話聞いたらカラシニコフ乱れ撃ちですヨ」

「ふふっ、そうですね。でもあなたは貸本屋が町で目立つ国って、東南アジアで他にどこだと思います」

「ゲンさん長旅クイズときましたね。まあ華僑《かきょう》の町はとりあえずはずしておきましょう。ベトナムの他はずばり、ミャンマーです、どうですか」

2

話が出来そうだ、といった目付きで僕の事をじっと見つめるゲンさん。

「その通り、ミャンマーです、まあ、あそこも人々の生活が苦しいですよね。だからさっきの国境の話ですけれど、苦しい生活なのにニコニコ笑えるクメール人て大好きだし、苦しくても読書をする国民にも本当に頭が下がる思いがしました」

ハッパを吸う事が特に好きな訳でもなく、貸本屋の話などしたがるゲンさんと、日本の若者は話が合わないだろう。ゲンさんが自然と一人になりたがったのもしかたない事だ。

「ところでゲンさん、さっき僕に自由とは、なんて聞いて来ましたよね。少なくとも日本で生活しているよりは、こんな所でゴロゴロ日がな一日砂浜で寝ころんでいられるのは楽らんだとは思いませんか」

「もちろん、それはそうかもしれない。でも考えてみて下さいよ、私はもう二年ですよ、二年。働きもしないで海外をうろうろして、身銭はどんどんなくなる。それにどこをどう行くか、それを決めているのは若い奴らが持っているのと同じあのガイドブックです。結局日本人という群れの中の一匹でしかない、と。それでは日本で会社勤めしていたのと何も変わらないじゃないか、とね」

「いやしかし、自分の判断で会社を辞めて、旅の方向は自分で決めているんだから、日本に居るのとは全く違うと思うけれどなあ、僕は」

つい語気が荒くなってしまった。

「だったらそのガイドブック、やぶり捨ててしまえばいいじゃないですか」

「いやあ、まあそうなんだけれど……」

てへへと照れ笑いをするゲンさん。

「これは捨てる訳にはいかないんですヨ」

「何故……」

「ええ、まあそれは聞かないで下さい。でも私はどうしても今時の若者のルートと同じ動き方をしなくてはならないのです」

何かとても言いづらそうにし、ビールをぐっと流しこんだ。

気持ちの悪いなまぬるい海風が止んでいた。

〝ゴア系〟のリズムで踊り狂っているインド娘の周りには、もうたっぷりと頭から湯気が立ち上っている欧米の若者達が、テキーラをラッパ飲みしながら輪になって、フラフラと踊っている。彼らの若い汗の臭いがここまで伝わって来そうだった。

暗がりの細道を警官が二人、のんびりとまるで散歩のように巡回している。

「ポリスには気をつけろ、外で吸っているのが見付かると罰金千五百ルピー（約三千八百円）取られるからな」

と、ある夜、今いる場所でどこからどう見ても完ペキにラリっている歳老いたジャンキーが、白い粉を吸い終った後話しかけて来た。

千五百ルピーと言えばハシシ二本、あるいは三本分に相当する金額だ。

何だかまるで結納の倍返しとか、またはチンチロリンでの親の三倍返しとか、そんな風におまわりは金をまき上げて行く。

ついでに奴らも吸ってるかもしれない。

どう考えてもイリーガルな場所なのだろうが、それにしても不思議なバランスでこの村は成り立っている。

「ところでゲンさん、僕らも一丁吸いませんか」

「ええ、ここでーっ？　外では私はいやだなぁ、さっきおまわりが通りすぎたばかりじゃない」

「いや、ここじゃなくて村の入り口の所に、カフェがあるでしょう。あそこにいつも居る奴が作ってくれるんだけどね、それが不思議なんだけれど味が全然違うんだよ、とにかく美味《うま》いんだ。ものはためしでさ、ねっ一緒に行こうよ、ゲンさん」

「へーっ。ただの煙なのに上手に巻く人が作ると味が変るんだ。三ヵ月もここに居たのにそんな名人がいるとは知らなかった。おもしろいね、よし、行ってみるか」

でこぼこの夜道をよろけながらしばらく歩くと、いつものようにほとんどメンツも変らず、そのカフェで皆一様にどんよりと淀《よど》んでいた。

どう見てもインド人に見えない、巻き名人はそのカフェで料理や皿を運ぶ手伝いをしていた。

そうして、食費を浮かし、僕のような新顔を見つけると御ていねいに自分のハシシをわざわざ巻いてくれ、自分も吸い会話を楽しんでいた。

3

この村では人の名前など牛のフンより役に立たない事は判っていたので、僕の名前を教えた事などなく、又彼の名も必要ではなかったので聞いていないし、彼もそんな事は話さなかった。

いつも彼の物で巻いてばかりでは悪いので僕が買ったのを巻いてもらう事にしていた。

すると彼の顔見知りのインド人達がやって来ては、後で判った事だが全員売人《プッシャー》だったが、おのおの勝手に回し喫《の》みを始める。

一度に買ったハシシなど一人で吸っていたのでは一週間以上は持つ、それを知っているクセに奴らプッシャーは必ず一口吸うと、

「いくらで買った」

「まあまあの品だな」

「まだ残っているのか、もっといいやつあるぞ」

と一言口にしないと気がおさまらないらしい。

彼が巻いてくれた、どっしりと重く、よくつまった親指程の一本を僕を入れて六〜七人で回し喫みをすれば、当り前にすぐに吸い終えてしまう。

しかしハシシは一人でタバコのようにスパスパとやるよりも、一口吸えばしばらくは体内に入れた煙をじーっと隅々まで浸透させてあげなくてはならない。

その間はただの煙と灰になるだけだ。

だからこそ回し喫みという方法が生まれたのかもしれない。

よく見ると他のバックパッカー達は、決してプッシャー達と回し喫みなどせず仲間内だけで吸っている。

彼らはそういう所はちゃっかりとしていた。そして僕はカモられているんだろう、でも別にそんな事かまいやしなかった。

僕のハシシがこのカフェで、インド人のプッシャーどもと一人の巻き名人の共有財産になろうとも。

それだけこの国籍不明のマエストロ、ハシシ巻きにいちゃんの腕は確かだった。

煙が重いのだった。

ハシシのジョイントというのはタバコの葉と混ぜて作るのだが、どうもその混ぜ方と混ぜる比率に秘密があるようだ。

毎日、必ず一本彼に作ってもらっているが、その味といおうか、煙の質をいつも同じ物に作ってくれた。

まかないの美味い店はいい店、と日本では言うが、彼は長い間、ずーっとハシシの本質を見続けて来た男なのだろう。

日本では絶対評価されない、経験と実績を持つ男だった。

こういう男を見ていると何だか幸せになれる。

「ようゲン、今日は二人か、初めて見たよ、お前が誰かと一緒の所」

何故かインドなまりのひどい英語で話す名人。ゲンさんと彼は知り合いだった。

「なーんだゲンさん知り合いだったんだ、彼だよ、名人て」

「ああ、そうなの。長くここに居るから奴とは何度か話した事あるんだ、へー、でも知らなかったな、奴にそんな特技があるなんて」

ハシシのかたまりを名人に渡す。

唇をうすくひらいてニヤッといつものようにうす笑いを浮べる。

ビールを注文し、あらためて乾杯をゲンさんとしていると、スッと横にやって来て、もう見事な一本を作り上げ、火を点《つ》けにかかっていた。

「ほほう、これがその逸品だと……」

「まっ試してみて、先に……」

思い切り煙を吸いこむゲンさん、一旦《いったん》息をとめ、少しずつ新しい空気を鼻から入れていた。「バカになりそうで、あまり好きではない」と言っていたが、なかなか吸い馴《な》れているように見える。

　ふうっと煙をはき出すと、

「うん、違う、ぜんぜん違う。ワハハッ、今まで自分で巻いてたの、あれは一体何だったんだろうね、いやあ君の言う通りだ、これはすごい」

「ね、違うでしょ、僕も最初びっくりしたもん」

「うん美味い、すっすごいやこれ、おーっともう効いてきたよーっ、効きも早えーやっ、おねがい。もう一回吸わせて」

「ワハハ、どーぞどーぞ、まだありますから」

　僕達のやり取りを見て自分も気分が良くなったのか名人もとなりでニコニコしている。

「ところでお前、明日どうする。一緒にジャングル行くか？」

　前から名人にさそわれていた。この浜からバイクで三十分も行った所にすごい美しい場所があると。ゲンさんにその事を聞いてみた。

「ああその何とか、って言う場所ね、話には聞いていたよ。一度行って見たいと思っていたんだ、ちょっと前まで雨期だったでしょう。マラリヤが心配で行けなかったんだ。君も行きたいんだろ、よし決まった。明日ジャングルへ行こう」

4

昨晩名人はバイクで三十分と言っていたが一時間以上うねった田舎道を走り、サファイア色をした海が広がる入江に着くとバイクを置き去りにし、そこからさらにものすごい暑さの中四十分は歩かされたろうか、やっと名人の言っていたジャングルの入り口に着いた。

小さな沢をつたって山を登る、と言っている名人。ゲンさんも僕も悲鳴を上げそうになっているのに、彼は何事もなかったように歩兵なみに疲れ知らずだった。

名人は僕より年上に見えるし、日がな一日煙まみれになっていると思っていたら、どうやらそうではないらしい。この沢には三日に一度は必ず来ていると言っていた。

「えらい所について来ちゃったなあ、こんなに歩かされるとは思いもよらなかったよ」

「ええ、でもゲンさん、奴はジャングルに行くと言っていたんですから、もう少しガンバりましょう」

大きな岩を乗りこえ、澄んだつめたい川の水に足をひたしながら、少しずつ登って行く。

初めて見る景観は、まさしくジャングルとしか言いようがなかった。見た事もないサルが僕らを見ている。深い森の奥へ進むにつれて、木が息をしているからなのか、ひんやりと涼しい空気に変って行った。

沢を登って行くと水の流れがどんどんと細く、小さくなって行き、遂《つい》に流れがなくなった。

やっと源流にたどり着いた。

名人は何もいわず目で「どう、すごいだろう」と合図をよこした。

真っ青な空の下、森の緑が目にしみた。

甘いような、木々の息する香り。

鳥の鳴き声、虫の鳴き声、うるさいくらいだ。

僕とゲンさんは岩に腰かけながら言葉を失してしまった。

「いいだろ、すごいだろ」

名人が初めて話しかけてきた。見るともう御立派な一本を巻き上げ、火を点けていた。

それをゲンさんに手渡すと彼は本当に嬉《うれ》しそうにニコニコしながら受け取り煙を体の中へと送りこんだ。

息を止めながらも景色に目をやり、耳をすまし、感じたがっていた。

「自然が俺の先生なんだ」

名人がポツリと言った。

「ここにいると色々な事を知るよ」

「どんな事を」

「大切な事と、しなくていい事……」

ゲンさんはまじまじと名人の顔を見つめている。

僕も一服もらう。

「自由って何ですか……」

突然ゲンさんが名人に向って例の質問を飛ばして来て、僕はついふき出してしまった。

「いや君は笑わないで、本当に知りたいんだ」

銀ぶち眼鏡からのぞくその目は彼の言う通り真剣そのものだった。

「一人で生きる事、国籍を持たない事、余計な金を持たない事、巣を作らない事……」

「そんな……俺全部だめじゃん……」

ゲンさんは涙目になりながらも笑っていた。

「君はどこの国の人なの」

「フフフッ、パスポートではドイツ市民になっているけれどね」

と名人はいたずらっぽく笑った。

「ゴアには八年居るんだ、もう長いな。フフフッ、ビザでは大学生という事になってるんだ、九年間のビザ持ってるんだ、フフッ研究しに来てるんだよ。テーマはね、ザ・リアル・オブ・ナチュラリスト、いいだろ」

「やんちゃな人だなあ、いいなあそれ、判ったよ今、ちょっとだけ自由を、ワハハッ」

何故だろう。ゲンさんは大粒の涙をポロポロと流しながら、しかし笑っていた。

遠い目をしながら、何かを確信したように「うおーん」と泣きじゃくりながら、笑っていた。

それを見て、僕と名人も目くばせをしながら、クスッと互いに小さく笑っていた。

僕はもうこの地にはいなくなった、と言われていたヒッピーという人種が、まだ密かに生きているという事を知り、少しばかり驚いた。

5

その日の晩もゲンさんとビールを飲んでいた。昼間の出来事のせいか二人共口数が少なくなっていた。

山を下りている時に僕はもう決めていた。明日この浜を出よう、と。見るべき物は見た。もうこんな場所に用はないと思っていた。

「ゲンさん、僕は明日出発します」

「ああ、そうですか。短い間だったけれど楽しかったよ、どうもありがとう」

ちょっと待ってて、と言うと席を立つゲンさん。しばらくするとガイドブックを何冊かかかえて持って来た。

「見て下さい」と言って渡された。

ページをぱらぱらとめくると、細かい、きれいな字でページごとにぎっしりとメモが書かれていた。本に書かれているデータの横に、さらに自分の足で調べたのだろう、さらに細かく、付け足しがされていた。

「すごいですねエ、これ全部ゲンさんが調べたんですか」

「いや、これ実は私の息子の物でして……」

「はっ、息子さんにもらった、のですか」

「いいえ……これは……息子の形見なんです」

言葉が出なかった。

「真面目な奴だ、ってこれ見れば判るでしょう、こんなに細かく調べて、これは奴が二十歳の時学生旅行で使ってたものなんです」

「………」

「それでね、奴は一年大学休学して、長旅から帰って来たらすっかり変っちまいましてね。学校へも行かず一日中ぶらぶらして、いっつもボーッとしてるんです、そんなんじゃいい会社に就職出来ないぞって、ずーっと言ってやったんですよ」

「いやな言葉ですけれど、カルチャーショックってやつですかね」

「いいやそんな事ならいいですヨ、あいつある日、警察につかまっちゃって……」

「はあ」

「大麻ですヨ、あいつどうしちまったのか、海外で味覚えて来たんですかね、それから家がめちゃめちゃになりました。息子は女房からこづかいもらっちゃあ大麻買ってたんですヨ、そんな事するからだめなんだって今度は女房ともケンカになっちゃいましてね」

そんなつらい事僕みたいな男に話さなくてもいいのに、でも話したいんだろう、誰かに話さないとやっていけないんだろう。

「毎日帰宅するのがいやになっちゃいましたよ。私が家に居る間は息子は一歩も部屋から出て来やしない。夜中便所に行くと奴の部屋からお香のような匂いがしてましたよ、もちろん今はそれが大麻だって事判りますよ。でも判らなかった、だめですね、おやじとして……」

「つらいですね」

「それでもう七年前になります、息子が海外に突然飛び出しちゃって、その渡航費も女房が出してやった、って知って。結局それがきっかけで女房とも離婚しました。奴からは何の連絡もありませんでした。それでも私も父親ですからね、外務省におねがいして、調べてもらったりもしたんです。でも判りませんでした」

「じゃあ、死んだと決まったわけではないじゃないですか」

「ええ、でももういいんです。しまいをつけましたから。私がいけないんです。子供の頃からいい大学いけ、偉くなれ、ってそれしか教えてなかったんですから。親として大切な事なんて何もしてやれなかったんです。七年も連絡を取らないという事は、奴は家族を捨てたんですよ、決別したかったのでしょう。それは今日ジャングルで初めて気が付きました。私も息子はいないものと思わなければいけないんですね、今までもそう思いこもうとしていたんですけれど、実は出来ていなかった。息子のたどったルートを旅していました、もしかしたら会えるかもしれないって思ってもいました」

「……それは、そう思うのは親なら当り前で……」

「いえ、私が旅に出た理由は何と言ったって息子さがしだったんです。ムダな二年間だったと、今日気付きました。息子はどんな形にせよ、親から、巣から飛び出たんです。それも判らないで、心配ばかりして、私は大バカ者です、奴は一人で生きているんです。立派に成長したんです」

遠くで若者達がドッと沸いている、大声で笑いあっていた。

「さっきまではこのガイドブック、ここに捨てて行こうと思っていました。でもやはり私は息子さがしの旅を続けます。金がなくなるまでね。奴には何も教えてやれなかった。家族を守る事、それだけでも教えていれば、こんな事にならなかったのでは、そう思うと私は、何とも残念でなりません……」

ゲンさんはそのまま絶句した。

空は満天の星だった。

インド娘が妖しく踊っていた。

続アジアパー伝
第8話　グランドホテル その①

1

「タクシー？」「モト・サイ？（バイク・タクシー）」

空港カウンターを一歩外へ出ると、小がらな、よく日に焼けたクメール人のおっさん達がわらわらと、まるでカマキリの子供のように僕のまわりに集まって来る。

「タクシー、テンダラー、モト、ファイブダラー」

必ず十か五、である。何年た

One more question What do you do in Indonesia now such a dangerous area.
斉藤寝具
報道畑の鴨に教えてもらった事で唯一実践している事。
One more question
One more
ヘイすっちー
ビアープリーズ
海外では自分の知っている単語を大声で堂々としゃべるべし。さすれば必ず通じるべし。

ってもその値段は変らない。

大勢のドライバーが僕目ざして交渉して来る。僕は別に誰でも良かった。ただ、いつも何となく、一番年寄りと思える運転手にしていた。

僕は「ワンダラー！」と必ず値切る。そしていつもバイクなら三ドルで町の中心地まで行ってもらっていた。

タクシーの場合は必ず五ドルまで下げさせた。

カンボジアは五進法なのであった。

五の次は六ではなく、「五と一」とクメール語で呼んでい

る。

ライバルのたくさん集まる中で、一秒でも早く客をゲットしなくてはならない状況の中、客に値切られたからといって、「お客さん、五と三でお願いしますよ、えーと五と三は……」などとモタモタしている時間はない。頭の中で五と三を、今度は英語に直して、「エイト!!」と叫ばなければならないのである。

クメール人はそんなややこしい事は考えない。脳ミソの瞬発力など、必要とする生き方をしていない。

師匠がそんなだから
もう弟子は、
おい
おっさん
ピロシキおぼうし
サハリンにて
肉焼いて
いっぱい焼いて
どこに行っても日本語でおし通す。
あんたさあ
少しはしゃべれ
んだから英語
しゃべったらっ
肉がちゃんと
きたぜえええ
通じるね
つかんだよ　オレ
もう世界中どこ
行っても日本語
しか話さないね
どんな
もんだい。
ぼ

だから僕が五ドル、と言い切れば……、

「オッケー、ファイブ」とあっさり引き下がる。

そして彼らは脳ミソの代りに、持ち前の体力と持久力をフル稼働し始める。

「今日はこの後、どうする？　アンコール・ワットへ行くか、明日はどこへ行く？　オレ、あんたがホテル出て来るの、ずっと前で待つ。オレを運転手として使え。半日十ドル、一日二十ドルだ。十五でもいいぞ!!」

やっぱり十と五しか言わない。

ためしにホテルの部屋の窓から身を乗り出し、駐車場に目をやると、そこにいるクメール人ドライバー全員が僕に向って「ソク・サバーイ（元気かい）」とニコニコと、手をふって来る。

じーっとそこで、僕か、他の観光客を待ち続けるのだが、ふと一人もいなくなる瞬間がある。

空港に新たに飛行機が着陸した時か、お日様が真上にある時の、たっぷりと時間を使うシエスタの間であった。

真昼間の、二時間は、何もか

もが止まってしまう。

町中の音が消え、時おり聞えて来るのは牛の首に付けてある大きな鈴が「コロン、コロン」と可愛らしくひびいて来る音だけ。

人々はおのおの、自宅の高床式の涼しい日かげか、木かげにハンモックをつるして、静かに寝息を立てている。

まるで子供の頃の夏休みのような、あの何とも言えぬ楽しみを、ここの国の人達は大人も子供も、ひょっとするとジャングルで息をひそめているゲリラ達も、一年を通して持っていられるのだ。その点においては、家のローンや、仕事のストレスなんかで不眠症に落ち入っている僕達よりは、よっぽど豊かと言えるだろう。

中国の文化大革命を模したといわれている、ポル・ポト派政権の暗黒時代に、シエスタを取っていたとは、到底考えられない事だけれども、どうやらフランス人という奴らは、この国を支配し、この国で生活して行く上で、自分達の大切にしている物事を、クメール人達にたたき込まなければ気に入らなかったらしい。例えばこの国のフランスパンの味はどこで食べても、はずした事は一度もなく、すばらしかった。

そしてどういう訳か昼寝の快楽まで、取り入れさせてしまうんだから、フランス人という人種は、余裕をかます事が人生の中で大切に考えている事の一つのように思えてしまう。

「寝る間を惜しんで働く」事が美徳、と考えられている国からやって来た、なまけ者の僕は、ついつい「エスプリきかしてんじゃねーよ」などと一言悪態をつきながらも、クメール人と同じように、ベッドの真っ白いシーツの上で、素っ裸になってゆっくりと昼寝をしてしまう。

2

アンコール・ワットのある町、シェムリアップ。

僕はこの町のフランス領インドシナ、と言われていた時代に作られた、古く、しかししっかりした、美しいホテル、グランドホテルを常宿にしていた。

僕がこの町にいる時、必ず銃声が聞えて来て、町はずれからは大きなカミナリのような砲声がとどろき、そして人が殺されていた。

それなのにこのホテルの中は、いつも穏やかであった。

「バホバホバホ……」

何故《なぜ》か耳にするたびに、ワクワクしてしまうヘリコプターの音が遠くからして来た。

　ポト派によって破壊された空港に、まだ三十名程運悪く取り残されてしまった外国人観光客のための臨時便でも、プノンペンからよこして来たのか、と思っていると市内をやけに低空でゆっくりと旋回し、また空港の方へと向っていった。

「はっはーん、ありゃ記者を乗っけてきたヘリだな、きっと」

　それを見てつい最近、僕の雇い主になったハシダさんは得意になって一人言をつぶやいていた。

　この町では未明から突然市街戦が始まった。

　観光に来ているのではない僕達は、その運の良さに喜び勇んで取材をし、そのビデオテープはもうタカハシがタイ国境へと持ち出そうと、ついさっき、トラックの荷台に乗り、この町を出発していたのだった。

「へー、結構早く来るもんですねー。僕達もああやってヘリで来れば良かったんじゃないんですか」

「バカッ、ありゃチャーターだよ、俺達フリーが乗って来れるようなもんじゃないの。それにもう遅いっていうんだよ、何撮《と》れるっていうんだよ、両方の兵士とも、もうシエスタの時間じゃねーか、眠ってるよ。気持ち良さそうに、ほらあそこ、見てみろ」

　木かげを見るとカーキ色の軍服の上を脱いだ兵士達が、ゴロリと芝の上で眠りこけていた。当り前だがポト派ゲリラは寝てはいなかった。でも敗走の足を止めて、今頃森の中で蚊《か》に刺されながらも、甘い眠りに落ちているのだろう。

ハシダさんの言う通り、ヘリは何組かの記者を乗っけて来たのだった。

その中に日本人の姿があった。

まだ時おり聞えて来る銃声が気になり、僕達は市場の周りをうろついていたのだが、そこに日本人の記者がやって来た。

確かに目が合った。なのに何の挨拶《あいさつ》もなかった。

そして現地スタッフのアシスタントを通して、走るように取材をし、きっちり一時間後ヘリに乗り、帰って行ってしまった。

「何だ、あいつら、犬のションベンじゃねーんだから、もうちっとは見て回れっていうんだ、バカタレが」

「バカ野郎!!」とハシダさんに思い切り頭をどつかれる。

「なっなんですか、いきなり……」

「奴らメジャーにはメジャーのやり方があるんだよ。ちゃんと〆切り時間には、プノンペンからニュース東京へ送んなきゃなんないんだから」

「だったらお皿（伝送用のアンテナ）こっちに持って来れば、何日か……」

「まーだ判《わか》らんか、バカ。ああいう人達がいるからこそ、俺達フリーが、マイナーが勝負するすき間があるんだろうが。機材も、金も、ついでにお前と違って出来のいい頭も、それをフルに使われたらどーするヨ、勝てっこないだろう、なっカモ」

「……ええ判りました。でも、僕そんなにバカですか……」

「おお、バカだ。お前は立派なバカだ、いいかカモ、これだけはお前の将来を思って言っといてやる。お前は立派なバカなんだから、他人より命もかなり安いと思っておけ。いいか、カモ、どーせ安い命だ、どこへでも、どんな時でも他人より〝えいっ〟て前へ進めるだろ。そこを間違えるなよ」

僕は頭が悪いから命の値段が安いのか、何だかそれも悪くないな、と思う所がやっぱりバカか。

「おう、カモ。タカハシもまず大丈夫だろ、疲れちゃったからさ、ホテルでメシ喰《く》って、俺達もシエスタ、と決めこもうよ、なっ」

確かに今日は早朝から走り回っていた。今になって緊張がほぐれたのか、一気に体が重く感じるようになって来た。

3

足を引きずるようにして、ハシダさんと二人、グランドホテルの立派な玄関をくぐる。

すると観光でこの町に来て、市街戦の中、おびえてホテルから一歩も外へ出られなかったフランス人の老人グループが、砂鉄でも頭からかぶったのか、と思ってしまう程、何だか鉄くさい体臭をまきちらしながら、ロビーで僕達を拍手で出迎えてくれた。面くらった僕は、

「ハシダさん、何なのですか、このじいさん達は」

「判らん、俺にも。まあ人種の違いだろうな、ジャーナリズムのとらえ方が日本人と違うんだろ。でもなんだか照れくさいよな」

テへへと頭をかきながらフランス人達の間をぬけて行くと、日本人の女性が立っていて、僕達を見つめていた。

この女性も、全く間が悪いと言おうか、僕達と違って、アンコール・ワットの撮影に来ていた別の日本人のテレビ制作会社の通訳として、このホテルに一週間程前から滞在していたのだった。

彼らは僕のような命の安いバカではないので、ビデオカメラがあるにもかかわらず、ホテルでじっとしていた。

「お疲れさま」と彼女は言うと、ちょっと待ってて、と言いのこし、バーカウンターへ走って行った。

何をするのかなあ、と思い、そこで待っているとウオツカの酒瓶を一本持って来て、僕のヒジにそれをふりかけてくれた。

今まで気が付かなかったのだが、僕のヒジはどうした事か、深い傷が出来ていて、血がたらたらと流

れていた。

「とりあえずこれで大丈夫でしょう。でも本当に私達の方のスタッフは心配してたわよ、死なないかしらって」

「いやあ、何だか判らない内に、いつの間にか終ったって感じがして、さっぱり記憶がないよ、もう」

ふと横を見ると美しい石像が目に入った。

うつむくようにして、微笑《ほほえ》むような、瞑想《めいそう》しているような、見方によっては冷酷な、人をうけつけない顔立ちだった。

僕の視線に気付くと彼女が教えてくれた。

「きれいな石像よね、あれ、ジャヤバルマン七世ですって、クメール王朝の歴史上の人物らしいわ、で、あの微笑は〝アルカイック・スマイル〟って呼ばれているのよ」

「何それ」

「古代ギリシャ美術や、中国なんかの様式の事なんだって。ついこの間撮影の時に教わったの、フフッ、受け売りヨ」

妙に感心してしまった。それに彼女の説明のせいかどうか、今まで石像など目に付いただけで、どうやってこいつをぶっ壊してやろうか、としか思わなかった僕が、このホテルのロビーにひっそりと佇《たたず》むこいつだけは、急にいとおしい、特別な物に変ってしまった。

「なーにお嬢さんにお世話になってんだ、バカカモは。ほらメシ喰いに行くぞ」

さっきから見ていたのか、ハシダさんが僕達の間に入って来た。

「本当スミマセンね、これっぽっちの傷、ツバつけてりゃ治っちゃうんですから、こいつ犬みたいなもんですから、ほっといて下さいよ」

「はい、じゃカモシダ君、ごはんにしてきて、私、ニュース見ておくから。どーせ私達の方の撮影はしばらくないし、カンボジア関係のニュースあったら教えてあげるから、じゃ後でね」

僕は勉強の出来る、利発そうな女に弱かった。

長いバンコクでの生活で、日本人の女性と話をする事など滅多にない事であった。それがどうした事か、こんな時に、こんな場所で日本人の娘に会えたのだった。うれしくって、それまでも僕はヒマさえあれば彼女とつまらない世間話をしていた。

彼女は僕と同い年だった。

キョロキョロとよく動く、大きな瞳が印象的だった。

子供の頃から父親の仕事の関係でアメリカで暮していたのだと言った。

そのおかげで英語が喋《しゃべ》れるだけなので、特にかしこい訳ではないんだ、と、いつもその点を強調していた。

それよりも自分のアイデンティティがどこにあるのか、それが判らない事が一番恐しい、と真摯《しんし》な目で話す彼女の真面目さが、僕の心を引き付けた。

そしてTシャツの下は欧米の娘のようにいつもブラを付けていないから、そのたわわなふくらみの先の、二つのポッチが、いつ見ても気絶しそうだった。

僕の中の本能が、遺伝子が、

「お前のバカには、利口なのを、かけ合わせろー!!」

と命令するのだった。

彼女の後姿を見て、下半身が「ブルン」と身ぶるいした。

やるっきゃない。ハシダさんに判らぬよう、密かに決心していた。

4

このホテルはフランス植民地時代に、よっぽど贅《ぜい》を尽くして作られた建物らしく、いく度もの戦火にみまわれたにもかかわらず、未だひび割れの一つもなく、頑丈そのものであった。一つずつの部屋の間取りもとにかく広く、床は総大理石、木を使っている部分も、全てチーク材であった。

しっかり金をかけさえすれば、建物というのは、そうそう古びたりはしない、その見本のような立派なホテルであった。

レストランも例外ではなく、それは立派な中世ヨーロッパのパーティ会場のような艶やかさであった。

しかし、この国の絶対的な電力不足のせいで、昼間はエアコンはおろか、天井からつるされているファンも回っておらず、重油で動く、恐しく古びた、十トントラックのエンジンのようにさわがしく動くジェネレーターも節約のためか、夕がたの数時間しか回転させていなかった。

そして、これだけ立派な部屋なのにもかかわらず、テーブルはがたがたと落ち付きなくかたむき、イスがパイプイスなのが何とも残念でならない。備品はことごとく持ちさられてしまったのだろう。

僕たちがレストランに入って行くと、ウエイターがたった一人、開け放たれた窓から、庭に放し飼いにされた牛めがけて、ニヤニヤしながら、小石をぶつけていた。

「オイ」

とハシダさんが呼んでも耳に入らなかったのか、何やら一人言を喋りつつ、ニヤニヤと牛の顔めがけて石をぶつけている。牛はと言うと、「こまったなあ」といった顔で石が当るたびに、つぶらな瞳をパチクリするばかりで、その場から逃げようとはしなかった。

友達なのか、こいつらは。

「バカヤロー、弱い者いじめするんじゃないよ!!」

と日本語でハシダさんが怒鳴ると、ようやく僕達に気付いたウエイターは、バツが悪そうに、茶色い顔を赤くして、どどめ色になった顔をくしゃくしゃにしながら、注文を取りにやって来た。

「スパゲッティ・ミートソースは出来るか」

とハシダさん。

「ちょっと待っていて下さい」

とウエイターは地下にある厨房《ちゅうぼう》に聞きに行った。すぐさま戻ってくると、

「スパゲッティは少々お時間をいただかないと……」

と申し訳なさそうに話すウエイター。

「おっとカモちゃん、ここは注文があってからちゃんとメンを茹《ゆ》でてくれるのか、うまそうだな、待ってもいいからそれ喰うか、なっ。じゃあ待っている間ビールを持って来てくれ」

レストランに居るのは僕達二人だけだった。誰に気がねする事もなく、僕とハシダさんはTシャツを脱ぎ、かた肘をついて、大理石の床にゴロンと横になった。

大理石はつめたくって気持ちがよかった。

ビールを飲みながら、スパゲッティが出来上るのを待ち、ハシダさんに気になっている事を質《ただ》してみた。

「ポト派の攻撃はあまりにもあっけなかったですね?」

「本当だ、だらしねェ奴らだよな、もうちょっとガンバレっていうんだよな。そしたら映像たくさん撮れたのに、なあ」

「ところで、この国にはシエスタがありますよねェ。奴ら兵士も昼になったからといって、お互い休んで昼寝するんですか」

「そーなんだよなあ、あいつら休むんだよ、訳わからないよ。俺は何度も体験してるんだけど、ズダダッて撃ち合ってるのに、昼寝はしっかりするんだよ、それがよく判らない、その神経がわからんよ、全く」

「ハシダさんはハノイにいたんですヨね。あそこはどうだったんですか」

「いやいやあそこは相手がアメリカだったから、空爆に昼休みは関係ないからね。ただ世界中の戦争っていうのは、何かにつけて休む瞬間ってのはあるよ、クリスマス停戦とか、ほら正月とか、ベトナム戦争でも有名な、フエの〝テト(旧正月)〟攻勢、ていうのがあったじゃないか、あれなんかは解放戦線側の約束やぶりだからな。だけどなあ、ここじゃ毎日、昼休みだからな」

「どうやらそうなんですよねェ。何だかこいつら本気で戦ってんの、と思っちゃうんですヨ」

「うん、確かにな。オイ、スパゲッティ遅すぎやしないか、もう三十分はたってんぞ」

手まねきしてじっと部屋のスミに立っているウエイターを呼ぶ。またまた申し訳なさそうに、

「もう少々お時間を……」

と言うばかりだった。しょうがないのでビールを追加した。

「んまあ戦ってるっていうのに昼寝しちゃうような国だ、スパゲッティくらいでカリカリしても……」

とハシダさんが喋っていると、地下の厨房から、

「ブピーッ！　ンガガガッ」

とものすごい大きな獣の断末摩の叫びが聞えて来た。

「おい、何なんだカモちゃん」

「なんか……ブタが……」

「ちょっと見に行くか」

地下の厨房へと恐る恐る近づいて行くと、床一面血の海であった。包丁を持ったコックがブタの首を切りつけている最中であった。

僕達に気付くと、返り血をたっぷりとあび、真っ赤になった顔を「ニターッ」とほころばせた。

ブタを指さしてハシダさん、

「ミッ、ミートソース？」

と叫んだ。

コックはニコニコしながら、

「イエース」

と元気よくこたえた。

二人共、無言でレストランに上っていった。

「ねェ、カモちゃん。今からミンチ作るのって、何時になったらスパゲッティ食べられるんだろうね」

「さあ……」

また手まねきでウエイターを呼ぶ。スパゲッティくらいでカリカリしてちゃあ、とさっき言っていたハシダさん、カリカリどころか、空腹で涙目になっていた。

「ママー（タイ製のインスタントラーメン）はあるか」とハシダさんは聞いた。

ニコニコしながらウエイターは「イエス」とこたえた。

「何分で出来る」

注意深く聞くハシダさん。すると元気よくニコニコと、ウエイターは、

「スリーミニッツ!!」

とこたえた。

5

夜になり、どうした訳か、外がさわがしくなって来た。

町はずれから間をおいて、迫撃砲の音が響いて来て、カラシニコフの音もひっきりなしだった。

それでも今朝の攻防にくらべればごく小さなものと思われたので明朝夜明けとともに取材に行く事にし、今日はゆっくり寝てしまおうとハシダさんと話していた。

バーで酒を飲みながら、ハシダさんの戦争論を聞くでもなく、ぼーっとしていると、僕のヒジの傷を治してくれた彼女が、そっとやって来た。

「あれ、どうしたの。まだ寝てなかったの」

ハシダさんの質問にもうつむいたままだった。泣いていた。

「おい、どーしたんだよ。こんな時にこそ泣いたりしたらだめじゃないか、しっかりしろよ、酒でも飲むか」

「あのお、私、こわいんです。銃声が響くたびに、ビクッとしちゃって、眠れないんです」

……ムムッこれはひょっとして大チャンスか、下半身が急に熱くなって来た。

「眠れないから、私一人で眠れないから、私の方のスタッフの部屋で一緒に寝かせて下さい、ってたのんだんです。でもうちの男性スタッフったらひどいんですヨ。後で変なウワサが立つといやだからって、一人でガマンして寝ろって、逆に怒鳴られてしまって……」

「それはひどいなあ」

「ええ、全くひどいですね、こんな時こそ、女性を守らなくてはならないのに……」

「なんだ、カモ。カッコ付けてるんじゃないかオイ」

「イヤイヤ本心ですヨ」

「おい、だからってどうするよ、俺の部屋シングルでベッド一つきりだからな」

「ハシダさんまでそんな事言うんですか、ひどい人達」

彼女はワーッと泣き出してしまった。

「判った、泣くな。おいカモ、お前の部屋のタカハシの使ってたベッド空いてるだろ、そこで彼女寝かせてやれ、なっ」

「ハイ、判りました。大丈夫、僕はおかしな事はいたしませんから」

「ねっ、大丈夫。カモはまだガキだから。変な事もなにもやり方知らないんだから、今夜はこいつの部屋で眠るといいよ」

「迷惑じゃないかしら……」

「そっ、そんな事、僕はベッドに入ったら五秒で眠れますから、気にしないで下さい」

ハシダさんは判っちゃいない。確かに僕はガキだ、しかしおっさん大事な事を忘れたな、僕が犬だって事を、オス犬だって事を……。

後手にカギをかけ、カギ穴からのぞかれないように差したままにしておいた。

僕達はいつまでも縦になり、横になり、前になって後ろに回った。

BGMはカラシニコフの連発音、腹につたわる迫撃砲。

女も男と同じで火薬の匂いには弱い生き物なのだろうか、彼女は激しかった。

色んな所を吸い合い、なめっこをして、ベッドの上をクルクルと回転し合った。

気が付くと朝になっていた。

一睡もせずに取材に出掛ける事になってしまった。

フラフラである。カメラをかついでも腰がよろよろして定まらなかった。当然ハシダさんの檄が飛んでくる。

「カモちゃん、何やってるんだよー全く、全然元気ないじゃないか、しっかりしろよ」

「はい、スミマセン」

「すいませんじゃないよ、昨日ちゃんと寝なかったのか、お前は」

「あのぉ、全く眠れませんでした」

「なんでだよー、彼女が気になったのか」

「気になったというよりも……」

「なっなんだよ」

「しちゃいました。朝までハメまくりました。ハイ、色々としちゃいました」

「なっなにーっ、ハッハメマッ……。いっいろいろだああ」

「ええ、色々です」

「なーにをしとるんだっ、君は。俺は昨日安心しろとまで彼女に言ってしまったんだぞっ。それをきっきさまは、色々だとハメまくりだとーっ」

「………」

「おいっ、カモーっ。お前って奴は……。ズルイよー」

「アハッ？」

「ズルイなー、カモちゃんズルイなー、ねェ」

「なっなんですか」

「オレもさあ、彼女にお願い、出来ないかなあ」

「そっそんな事、自分で言って下さいよ。それにハシダさんと僕は師匠と子分の間柄ですよ、兄弟になるんですか」

「それはまずいなあ、よし、次に新しい日本の女の子ここに来たら、その時は俺だからね、約束だよ」

続アジアパー伝
第9話　グランドホテル　その②

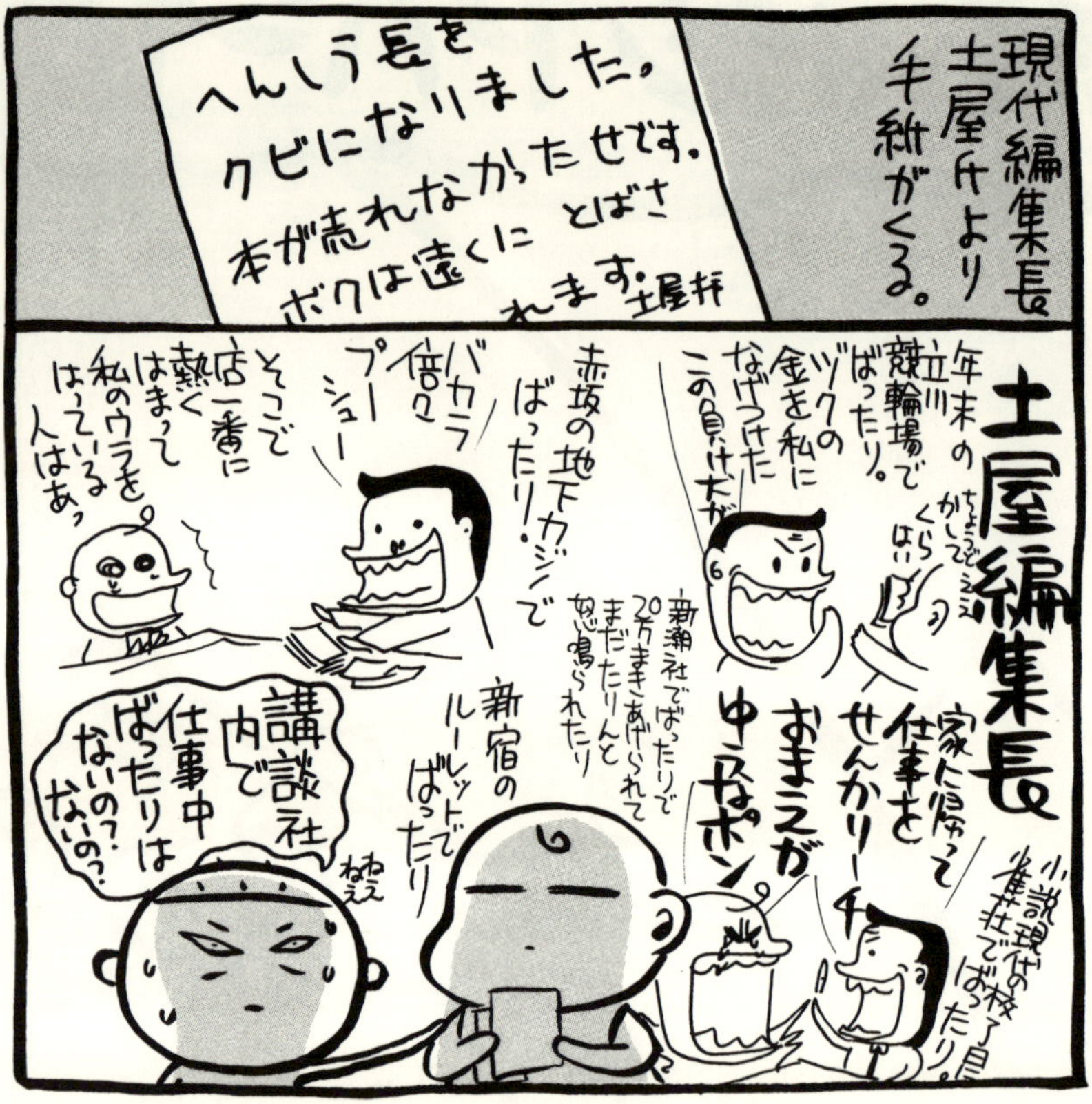

1

「カメラマンは朝一番が勝負だ」

毎朝、夜明けとともに僕達はグランドホテルを後にする、そして、その度にハシダさんはそのセリフをはく。

その日も夜明け前から外がさわがしかった。

町はずれからは同じ間隔をおいた迫撃砲が、ドカーン、六尺玉の大花火のような音をたてて

いる。

「シパーン、タシーン」

と背中をぬれタオルでたたきつけるような、間のぬけたロケット砲の連続音。

兵士達がなにやら叫びながらカラシニコフを上空めがけて撃ち続けている。

空高く飛んでいった銃弾は兵士の頭に落ちてこないのかしら、などと考えてみる。

政府軍側もゲリラも、中国かロシア、はたまた米軍からの同じ武器を持ち、同じ国民同士で殺し合っている。

腐ってる、と判って口に入れ

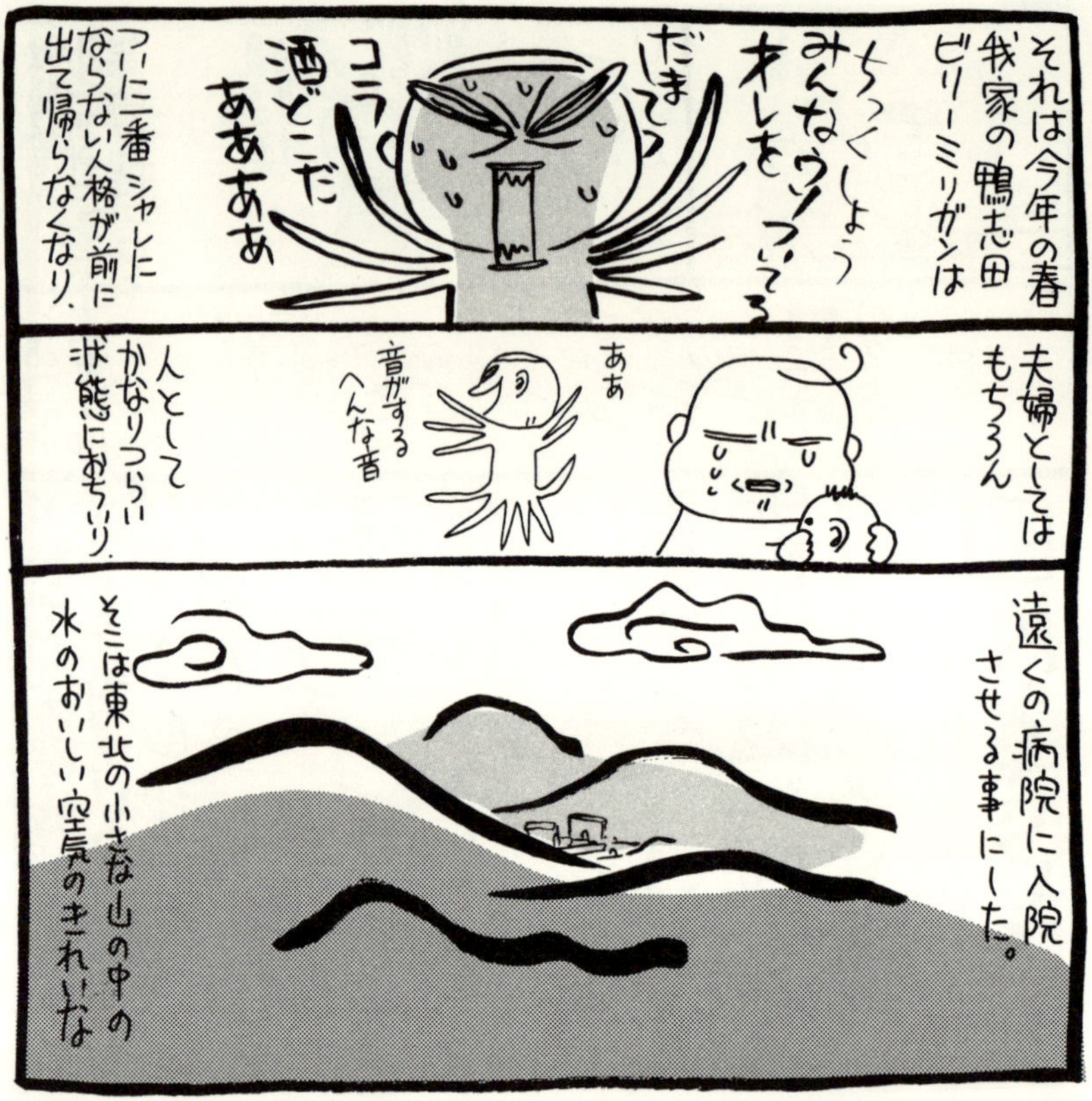
それは今年の春
我家の鴨志田
ビリーミリガンは
ちっくしょう
みんなウソついてる
オレを
だまして
コラ
酒どこだ
あああああ
ついに一番シャレに
ならない人格が前に
出て帰らなくなり、
夫婦としては
もちろん
ああ
音がする
へんな音
人として
かなりつらい
状態におちいり。
遠くの病院に入院
させる事にした。
そこは東北の小さな山の中の
水のおいしい空気のきれいな

た喰い物で下痢をした後みたいに、この国の内戦の原因を知ろうとする事は、なんだかとてもくだらない事に思えてならなかった。

　ただただ、やりきれないのは市民で、彼らはこの国の政府と、その耳もとで甘い言葉をささやく周りの大国の連中を怒鳴りつける事も、呪い殺す事も出来ず、ただニコニコと、時おり立ち止り、そっと涙するくらいしか出来ないでいた。

　僕もまたその場に立ち、何も出来ず、今ある出来事を見続けて、ほんの少しだけテープに焼

閉鎖病棟
ガシャーーン
とにかく御主人の場合は原因がハッキリしてます。お酒ですから
おでかけぼうし
この際キッパリとここで断酒して…ところで奥さんあなた そのお体もしかして二人目？
はい
なんて御苦労を
はー
お気の毒に
ふびんよ
ふびんとまでゆわれこれは「おいしい」と心の底から思うわたくし。

き付ける作業をするだけだった。

つまらなかった。

僕達はホテルを出、朝もやの中、迫撃砲の照準を定めている兵士達へと歩いて行く。

あたりには緊張した空気が流れている。

「オイ、カモ、カメラマンは朝イチが勝負だからな、用意はいいな。弾が飛び出る瞬間を絶対おさえろよ、テープの時間なんかかまいやしないから、ずーっと撮影しとけ」

ハシダさんに言われるがままにファインダーをのぞき、テー

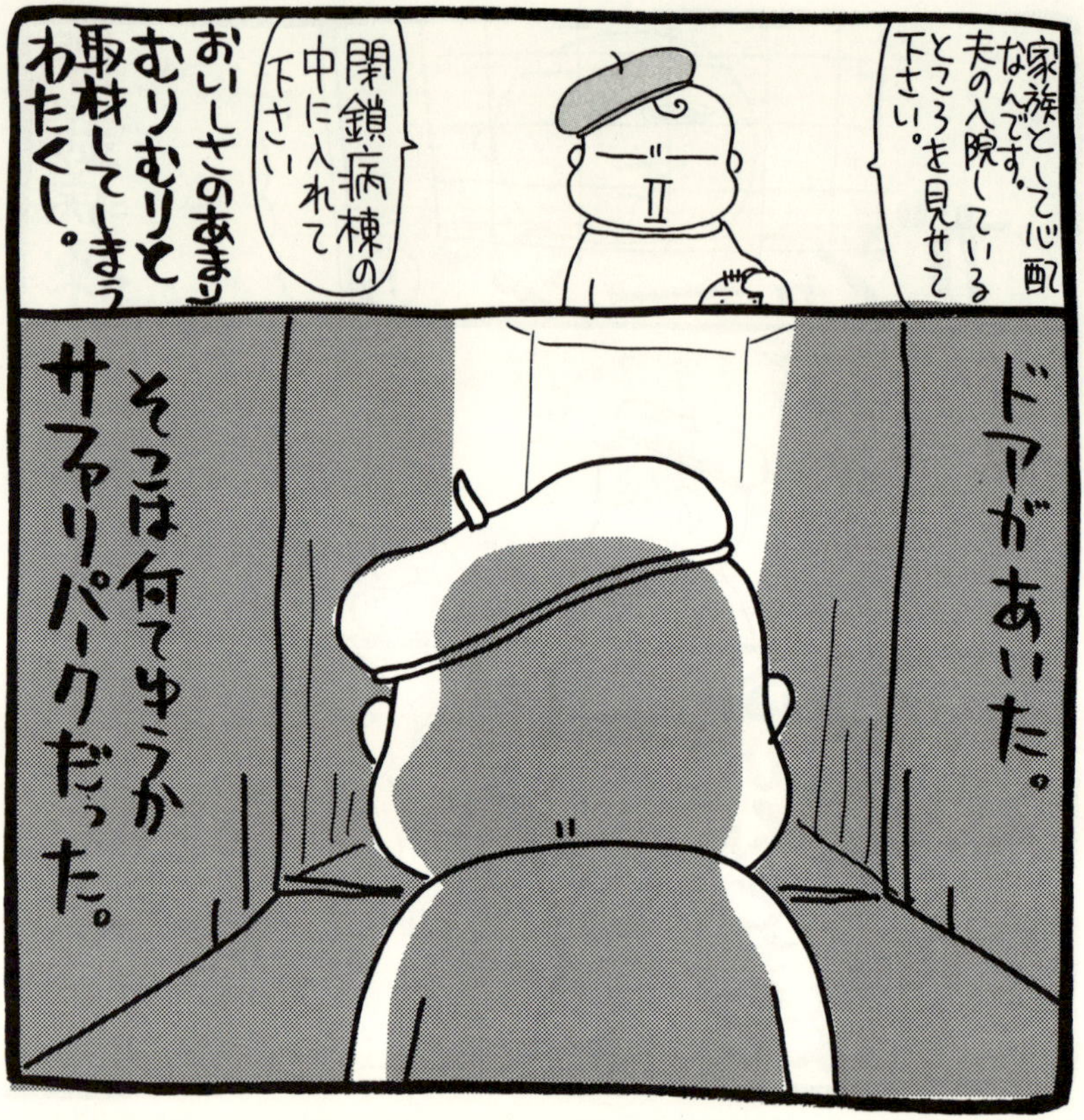
家族として心配なんです。夫の入院しているところを見せて下さい。
閑鎖病棟の中に入れて下さい
おいしさのあまりむりむりと取材してしまうわたくし。
ドアがあいた。
そこは何てゆうかサファリパークだった。

プを長回ししていると、照準の向いている方向の国道の先から一人の男がこちらに向ってゆっくりと走って来るのが見えた。

少しずつ近づき、大きく見えて来た。

彼は何かから逃げて、こちら側に走って来ているわけではなかった。

何故かジョギングをしているのだった。Tシャツに、ランニングパンツ。足にはちゃんとジョギングシューズをはいていた。

それにきっちりと髪を七三にわけ、サラリーマンめがね、バカなアメリカ人がマンガに描くような、どこからどうみても日本人だった。

今まで発射の用意をしていた兵士達も、その人物に気付き、しばらく手を止め、何やら話し合っていた。

言葉は判らないが、彼らの表情を見ていると、確かに、

「何者だ、あいつは」

と言っていた。

朝もやの中、ビシバシ銃弾の飛び交っている場所に、ジョギングをする日本人。おかしくって拍手を送りたかった。

「アハハ、ハッハシダさん、あれ見て、あの人見て下さいよ。こんな時にジョギングしていますヨ、アハハ、おっかしいや」

どれどれと言って老眼鏡をはずすハシダさん。

「なんだ、あいつ？　でもへんな奴だなフフフッ、おいバカカモ、あいつのこと撮《と》ってんのか!?　とめろ！　テープを。お前もよく考えろよ、こんな映像ニュースで使えるかって、バカ。

この緊張感あふれる中で、迫撃砲の先のマラソンマン、ってタイトルにしろっていうのか、きさまは。止めろ、今すぐ。オーイ君、発射しちゃうから早くこっちにかけて来てくれよ」

変なリクエストをするハシダさんもハシダさんだが、その彼も声が聞えたのか、ニコニコと手を上げ

てこちらへ向って来た。

「いやあ、どうもどうも、毎朝の習慣なもんで、ハイ」

こちらの聞きたい事を判っていたのだろう、そして全く呼吸がみだれていなかった。

彼はとある日本の通信社の記者だった。

いいんだろうか、こんな時に取材もしないで走ってなんかいて。

「まあこれくらいの規模なら……今頃アシスタントがここの軍管区基地で取材していますヨ。それよりこの先の汁そば屋行きませんか、うまい店見付けたんですヨ」

人の顔色でなにもかも判る人のようだった。

こちらの質問したい事を先廻り出来る、どうやらキレ者のようだ。ハシダさんもそれに気付いたのか、

「うまいそば屋か、いいなあ。よしカモ、こんな雑魚《ざこ》兵士ほっといて朝メシにするか、なっ」

とその記者と二人ならんでスタスタと店の方へと歩き出していた。

店の中はクメール人の客で一杯だった。

それを見て、ますます判らなくなる。

同じ武器で殺し合い、戦いながらもシエスタをとる兵士。

何故、という考え方そのものがないのか、もう何年も蚊をつぶすように殺され続ける人々、それなの

にいつ見ても彼らは微笑《ほほえ》む事が出来る人達であった。

「弾は落ちてこない!!」と確信しているかのように、すぐ目の前で兵士が殺気立って大きな砲をもち出している、というのに平気な顔をして湯気を立てているそば屋、そしてそこに集る客達。そしてついでに今回はこんな中、日本人のマラソンマンまで登場して来た。

万華鏡の中なのか、ここは。

頭がクラクラして来た。

2

「あなたはハシダ、さんですヨね」

彼は僕のボスの名を知っていた。バンコクでフリージャーナリストとして生活をしている、見た目がただのスルメにしか見えないこのおとっつぁんの名を知っていた。

初めて「この人意外と名のある人なんだ」と判る。

「えっどこかで会いましたっけ……」

「いや、プノンペンでこっちに来ているのはハシダグループだけだって聞いてましたから。まあ同業ですから、それくらい訳ないですヨ……」

「でもシェムリアップの空港、ゲリラどもに壊されちゃったじゃないですか。いつ、どうやって来たんですか」

「昨日、トンレサップ（メコン川の支流）を船で……」

「ふねでーっ!! 船着場あぶなくなかったですか」

「ええ、けっこうな数のベトナム人、殺《や》られたみたい。だいぶ臭いましたヨ、プノンペンもここも、ハハッ、クメール人アシスタントいやがりましたよ。しょーがないからこの取材終ったらバンコクつれて行ってやる、て言ったら、しぶしぶついて来ました」

「いやあよく船なんか使って来ましたね、たいした記者根性だ。で、何かおもしろい事ありましたか」

「おもしろいも何も、アハハッ、山賊、いや海賊と言った方がいいのか、船がおそわれましてね……」

「アハハって、笑う所じゃないでしょーが」

「いやあゆかいだったですヨ。アシスタントはポト派の服を着た政府軍兵士だって見抜いてましたけれどね、奴ら乗客から一人ずつ、金品おどし取って行くんですけれど、外国人なんて僕一人じゃないですか、僕の所へやって来た奴が僕の顔を見つめて、一瞬考えこんじゃって、フフフッ……」

「そ、それで……」

「しばらくしてから、そいつすごみきかせてさ……テンダラー、って言って手出して来たんですヨ」

「まーたクメール人は十か、アハハ」

「そう、たったの十ドルよこせって言うんだよね。本物のゲリラだったら僕を、身ぐるみはがすと思うんだよ、僕がもしゲリラだったら絶対そうするよ、ねえそう思うでしょ」

「うんそうだよなあ」

「で僕もアシスタントの考え正しいと思ったんだ、こいつらインスタント海賊だなって。だって外国人に甘い顔してるんだよ。だからこいつら政府軍兵士か、いやただの民兵か、それとも兵士でもなくてただのゴロつきかもってね」

「ポト派だったら殺すまであるかもしれないですヨ」

「それでさ、そいつらあらかた金を奪って、自分達の船に乗りうつってからさ、こっからが最高におかしかったんだけれどね……」

「何、じらさないで下さいよ」

「奴ら七人組の海賊だったんだけれどさ、奴ら全員僕に向って何て言ったと思う……」

「何、いいじゃないじらさないでって……」

「全員がさ、僕一人に向ってさ、フフフッ思い出しただけでも笑いがとまらないよ、奴らさ、サンキューベリーマッチ、アイラブジャパーン、て言ったんだよ、アハハッ、笑っちゃうよね、金とりに来て、ありがとう、日本を愛してます、って言うんだからさ、一生の思い出だよ」

　僕と一緒に笑い出すかと思ったらハシダさん、下を向いてしまった。

「サンキュー、アイラブジャパンか、まいったものだね、たった十ドルでありがとう、か。何だかなあ」

「どうしたんですか」

「どうしたもこうしたもないよ、その海賊はさ、クメール人からは奪っているんだ。判るかカモ、ぶん取っているんだよ」

「ハア」

「でもさそれが外国人になると奪うからめぐんでもらう、になっちゃってるんだよ、この違いがいやだな。どうしてこうなっちゃうのかなあ」

「あっさすがハシダさん、僕もその場で笑いながらもその事考えていたんですヨ、僕からはめぐんでもらう、と思考が一変したんですよ。そしてその後乗客に目をやると、みーんな僕を見て、微笑んでるんです。何か信じられない光景でしたよ、ついさっき、自分達のなけなしの金を取られた、て言うのに、僕に対してやさしい目を向けているんですから。僕はこの国の事を知るためのキーワードは内戦を追うよりも人々の微笑み、というかあのニタニタ笑いの理由をさぐるべきじゃないか、と思うんです」

「クメールの微笑み、か。確かに心理が判りませんね、ニタニタするポイントが我々日本人とはあまりにも違いすぎる。ところであなたはこれからここでどんな取材を……」

「ええ、やっぱりアンコール・ワットですヨ。あそこにお寺が二つあるらしいんですがね、そこの一つの寺に高僧がいるんだそうで、何でもその坊さんがとてもよく効《き》くお守りを下さるらしいんです」

「ほほー、どんな」

「弾に当っても死なないお守り、なんだそうです」

「アハハ、あんたその記事、東京でオーケー出たの、ボツになるとは思わないの」

「そこが映像と記事の違いですヨ、僕がハシダさんと同じ取材したってだーれも読みませんって。戦場をよりリアルに書こうとすると、ウソに思われるんですって……」

「それで、お守り、なの。弾に当っても死なないお守り見に行くの……？」

「ええ、もらって来ますヨ。そして戦場へ行って弾に当って……」

「おっかしな記者、だよ全く……」

「いいえ、僕は決しておかしくなんかありません。今日一日の出来事を打電するなんて、若い奴らにまかせておけばいいんですヨ。それよりも、僕はこの国の本質を日本人に伝えなければ、と思っていますんで……」

記者の話を聞きながら、フムフムとうなずいているハシダさん、何かをたくらんでいるようだ。

「それじゃ、僕一風呂あびにホテルへ帰りますので。今日は一日アンコール・ソットめぐりです。坊さんにお守りもらってこなくてはならないので」

「宿はグランドホテルですか」

「いいえ、僕はあそこあまり好きじゃなくて……。敷地が広すぎるじゃないですか、僕は夜部屋にいる時、外の音を聞いているのが好きなんですヨ、部屋のすぐ下で聞えて来る物音に耳をすましているのが楽しくてしょうがないんです、だから僕はこの先の小さい民宿に泊っているんですヨ。じゃそういう事で……」

素早く立ち上ると、ペタペタと走り去っていった。

まだ、断続的に砲声がひびいている。

3

「オイ、カモ。勉強になったろ」

「ハア」

「ハアじゃないよ、一線の記者と話したなんて初めての事だろ。何をしたいのかはっきりしてたなあ、あの男は。記者はあーじゃなくちゃな」

「と言われても、僕は右も左も判らないでいますから……」

「バカ、判らなかったら判るまで歩き回れ！　人に聞け、それが取材だ。ただドンパチやってるのを撮るなんて、誰でも出来るんだ。まあいい。あまり言い過ぎてもバカはすぐ忘れるだけだ、それよりもうちょっと兵士を追いに行くか、昼すぎにタカハシが帰ってくるまでな」

判らなければ判るまでもがけ、とハシダさんは言った。でもこの国には判らない事が多すぎる。判りやすい物を見てすこし頭を冷した方がいいのかもしれない。

「ハシダさん、あのお今晩アンコール・ワットで寝てみたいんですけれど……」

この国に来て、初めて自分のしたい事がやっと出て来た。

アンコール・ワットで眠りたい、だった。

「おお、カモそりゃいいや、よし朝の取材はこれでオシマイ。タカハシが国境から帰って来たら二人でアンコール・ワットへ行ってこい。一晩中取材してこいや、なッ」

「なって、ハシダさんは行かないんですか」

「いいだろう、たまにはオレを頼らなくたって、二人でしっかり撮影してこい、ネタも二人で見つけろ、今晩は二人へのテストだ、フフッ、どこまでやれるか見物《みもの》だ。よーしそうと決ったらホテル帰ろう、夕方まで体を休めとけ……」

午後おそく、誰もいないホテルの暗いロビーで、森からの爽《さわや》かな風を受け、ウトウトとしていると、玄関から聞きおぼえのある男の声がして来た。出て行って見ると、タカハシがタクシードライバーのえり首をつかみ、今にも殴りつけようとしていた。

「おう、お帰りタカハシ、何だよ今度は……」

いつの間にかハシダさんもその場に居て、ニコニコと見つめていた。

「このドライバー、国境ではここまで二十ドルだなんて言ってたのにここに来て三十なんて言いやがって、バカにするつもりか、この俺を、オイ、その口タコ糸で結んじゃうぞ」

「まあそう怒るな、ホラ、これやるから。とっとと帰れ!」

ハシダさんはドライバーにマルボロを二箱投げてよこすと、今まで怒っていたドライバーもそのタバコを見て、ニヤニヤと顔をくずし、その場を去っていった。

「タカハシもさあ、頭使えよ、頭を。ここぞって言う時に怒鳴ってばかりじゃ、疲れるだけだぞっ。それより早く部屋行ってシャワー浴びてこい、ホコリだらけだぞ、オイ」

国境の町、ポイペトからシソフォンという町までは、タイ政府が立派なアスファルト道路をこしらえていた。日本のような妙に甘い援助などと違い、その道によってタイはカンボジア領内へ、自国の経済圏を広げる目的なのだとしか見えなかった。そのせいで、このあたりではタイの通貨バーツが喜ばれた。

どーせならそのシソフォンからシェムリアップまで道をきれいにしてやればいいものを、その間の枝分れしたいくつもの道の先には、山賊どもが息をひそめている場所がいくつもあった。

タイだってお人好しではない、ゲリラ達のために道をきれいにしてあげる理由などないのだ。壊れるがままに放っておかれた赤土むきだしの、デコボコの、いくつもの壊れた橋の上をゆっくり、そーっと乗り越えてこなければならない苛酷な道のりであった。

「あれ、この橋臭うぞ」

なんて事になれば橋のたもとに車を停めて、対戦車地雷がどこかにかくされていないか、人の目と手だけで捜し出さなければならず、いつまでたってもこの町にたどり着かない。心身共にとことん疲れる道だった。

シャワーを浴びて、サッパリした顔のタカハシが僕達の待つバーへとやって来た。

それでも目の下には大きくくまが出来ている。ひどく疲れた感じがする。

「おつかれ、タカハシ。道のりどうだった」

一応ハシダさんがねぎらいの言葉をかける。

「やばかった、いや本当にやばかったですヨ、襲われはしなかったですけど、政府軍の奴らも殺気立っちゃって、オレの乗っていたピックアップトラックも何度も検問受けました。その内同乗してたクメール人が『スパイだ』なんて引きずり下ろされちゃって。何度もあの道行き来しましたけど、今回一番あぶなかったです」

「そうか、判った。でな、疲れついでに今晩もう一仕事してもらうから、たのんだぞ」

「仕事って何ですか……」

「一晩、アンコール・ワットの様子見て来てもらう」

「やーめて下さいよ、明日にしませんか、夜なんてカンベンして下さいよ」

「だめ、もう決めたから。何も石の上に寝ろって言ってるんじゃないんだから、あそこ寺あるだろ、坊さんにゴザ貸してもらえば大丈夫だから、なっ」

4

日が暮れる直前、僕達二人はアンコール・ワットの門の前に立っていた。

「オニーサーン、コレイチドル、ツメタイヨー」

物売の子供達がわらわらとやってくる。

「ハハハハッこんな時間でも居やがったか」

タカハシはこの場所に何度も足をはこんでいたので、子供達と顔なじみらしい。誰に教わったか全員日本語をかた言ながら話す事が出来た。可愛《かわ》いい。

髪を三つ編みにした小さな女の子の横にしゃがみ、中をみせてもらった。彼女の体半分はあろうかという大きさのクーラーボックスの中には氷柱と、いく種類もの飲み物が入っていた。

ためしにコーラを手にして、

「一ドル？」

と聞いてみる。

「ハイ、イチドル、ヤスイヨ」

タイで作られたリポビタンを手に持つと、

「ハイ、イチドル、ヤスイ……」

缶ビールを持つ。

「ハイ、イチドル……」

全て一ドルだった。

「オニイサンカッテ、ヤスイ、ツメタイ」

「いいよ、今いらないから」

僕に買う気がないと判ると手段を変えて来た。

「ヒャク、リエルクダサイ、ヒャクリエル……」

と手を合わせてめぐんでくれ、と言い出す。一度でも誰かにお金を渡すと、全員が群れて来てやるせなくなってしまう、しょうがないのでそんな時僕はポケットに入りっぱなしのタイの硬貨をあげる事にしている。

その硬貨で物を買える訳ではないのだけれど、子供達はその小さな銀色のコインを手にすると、まるで宝物をもらったかのように、目を輝かせ、仲間とみせあいっこをしてはしゃぎ回る。その姿を見てはお金をあげなかった気まずさも、いくらか静まって行く。

大人のずるがしこさも、いく分楽になる。

タカハシは、この物売りっ子達の親分と思われる利発そうな、はなたれ小僧と言葉のキャッチボールをしていた。

「はーいおにーさーん」

「ハーイオニーサーン」

「ボンジュール、マダーム」

「エクスキューズミー、ミスター」

「アンニョンハセヨー」

タカハシの話すいくつかの言葉に、いどむかのようにしてオウム返しにくり返す。

「こいつすごいんだよ、一目見ただけで観光客の国籍パッと見抜くんだよ。そしてその国の言葉で物売るんだぜ、まあコロッといっちゃうわな、そんな技見せられたら」

「そのガキ、どこで勉強してるんだろうね」

「さてなー、それよりこいつら大人より偉いよな、商売大人より上手じゃん、一ひねりしてさ、大したもんだよ。あっそうだ。今晩こいつ通訳に使おうか、こいつの英語カモちゃんより上手《うま》いぜ、なっ五ドルもやればいいだろ」

　さっそく子供と交渉を始めるタカハシ。

「母さんに聞いて来る、待ってろ」

　と言いすてると、木かげでみやげ物屋をひらいている自分の母親の所へ説明に行った。

「九時までならいいって、で十ドルだからな」

　とタカハシにすごんでいた。

「ワハハッ、いいぞ坊主、その調子だ。さてとカモちゃん、日が沈む前にアンコール・ワットの全景、何カットか撮っとかないとな」

　と言ってみたものの、これが思いのほか大変だった。

　広い、広すぎた。

　日没までの時間勝負だった。

ヘタなりに一番の場所から塔を撮ろうと考える。別アングルから、とも考える。高い所からとも、細く彫られたレリーフも、くずれ落ちそうな石像も、顔だけけずり取られ盗まれた像を……と考え撮影していると、五千メートルを走った後のように、くたくたになってしまった。何でこのビデオカメラという奴は十キロもあるんだろう。たたき壊したくなった。

ハシダさんが来たがらない理由が判った。

走り回りながら撮影をしていると、不思議な光景が目についた。

たくさんの人の群れがこの場所に集まって来るのであった。

放牧されていた何十頭もの牛を上手に引きつれてこの祇園精舎《ぎおんしょうじゃ》の門をくぐる子供達。

乳飲《ちの》み子をかかえた母親と一家の唯一の宝物なのであろうか、ホンダのカブを引っ張ってくる父親。

よいよいのおじいちゃん、おばあちゃん。

あらかた撮り終えて、中心にある塔の一番上に登ってみた。

夕焼けが不思議な事にピンク色にそまっている。

周りのジャングルから鳴り止む事のない猿の鳴き声。

コウモリの食事時か、帯のようになって大群が音も立てずに飛んでいる。

中心の塔の両側にある仏教寺から、その日最後のおつとめだろう、読経のしわがれ声がスピーカーから流れてくる。

この精舎に、一番似合わない迫撃砲が、ここにも四門、置かれているのが見えた。

そしてこの広大な敷地に、ゴザを片手にかかえ、子供の手を引き、ぞろぞろと、何百、いや何千もの人々が日が沈むまでゆっくりと静かにやって来た。

気が付くと、もう建物の中は人でうまり、歩けない状態だった。

回廊を歩き、側の寺に一晩泊めてもらうお願いをしに広場に下りると、そこも人でうまっていた。

一膳メシ屋や汁そば屋、酒までそろえた飲み物屋などの屋台までが出来上っていた。

通訳にやとった坊主はそこで焼きそばをほおばりながら僕達を待っていた。

「お坊さんにはあんた達二人の事は話しておいたから、眠りたくなったら寺へ行けばいい。寝床は二つ用意しておいてくれるってさ」

ぬかりのない奴だ。

「おい坊主、ところでこいつらは何なんだ。何でここに寝に来るんだ」

「ポト派ゲリラを恐れて来ている奴。そして……」

と声を小さくして、

「ポト派のフリをした政府軍兵士。こいつらポト派よりワルだ」

「恐ろしいっていったって、ここが安全て訳ないだろ」

「ここが一番安心出来る所だ、クメール人にとってここが一番大切な場所だ。そう思って来る奴、ここで眠る事が出来る、それを幸せと思ってくる奴、色々だ。恐ろしいと思って逃げて来た奴らばかりじゃないよ」

「でもやっぱり、自分の家の方がいいだろ」

「そんな事もない、だってここは、アンコール・ワットなんだから、一番大切な場所なんだから……」

「……………」

「他の理由で来てる奴、見たいか」

「うんうん見たいよ」

よし、こい。と手まねきする坊主。電灯などあるハズもない真っ暗闇の中、彼はスタスタと巨大な石を飛びこえながら走るように進んでゆく。

夜目が利くのだった。そして坊主は遺跡のくずれ落ちた大きな石柱の上にまるで猟犬のように静かにひそみ、僕達をじーっと待っていた。人さし指を口にあてて、「静かに……」と言っていた。一方向に指をさす。

何も見えなかった。

「ククク、キャキャキャキャ」

おさえきれないのか腹に手をあてて無邪気に笑う坊主。

月の明りで少しずつ周りが見えてきた。

やっと目が闇になれて来た。

ガンジャの香りが風に流れて来た。

倒れた大きな石柱のかげで何組もの若い男女がかさなり合っていた。

「プッ、プププッ、キャキャッ。メイクラブ、キャッキャッ」

抱き合う若者のための場所がアンコール・ワットにあった。

続・アジアパー伝
第10話　アンコール・ワットの秘密

東北の閉鎖病棟に鴨が入院した。
さすが閉鎖というだけあって家族がむかえに行かないと退院できない。
そうですね むかえがなくて もう20年ここにいる人もいますよ
はうっ
20ねん
それはいい事をきいた。
もちろんそれでもきちんと治った患者は社会復帰の訓練などとして外に出す。
お弁当工場のキャベツ切りの作業などをするそうだ。
必ず
むかえにきてね

1

月明かりだけをたよりに、石柱の陰で見つめ合い、抱き合う若者達の数を確認してみたかった。

しばらくすると僕達に気付いたのか、男達の頭が巨大な石の陰から〝ピョコ〟また違う場所からも〝ピョコ〟っと出て来た。

何だか僕は、ものすごい大きな、川崎球場くらいもの大きさ

きてくれないとボクキャベツのかわりに体を千切りにするよ
うん 20年はあんまりだから2年ぐらいで
赤い千切りキャベツを東京に送るよ。むかえにきてね
ゆず
病棟内はむし暑く店主が世話をするのをやめてしまったペットショップのようなにおいがする。
そしてみな、ある日突然飼い主にさんざん殴られ捨てられた、犬のような顔でじっとこちらを見ている。

のある、モグラたたきゲームをしている様な気分になる。

アンコール・ソットの中庭のその周りは、広大な〝あおかんエリア〟だった。

いったい、どれくらいのカップルが来ているのだろうか。

毎夜若者達は、自分達の神様のお膝元へやって来ては、せっせと赤ちゃん作りにはげんでいる。

「おい坊主、誰でもいいからちょっと話をしたいんだ、ここへ呼んでくれよ」

「………」

「おい、どうなんだ、返事しろ

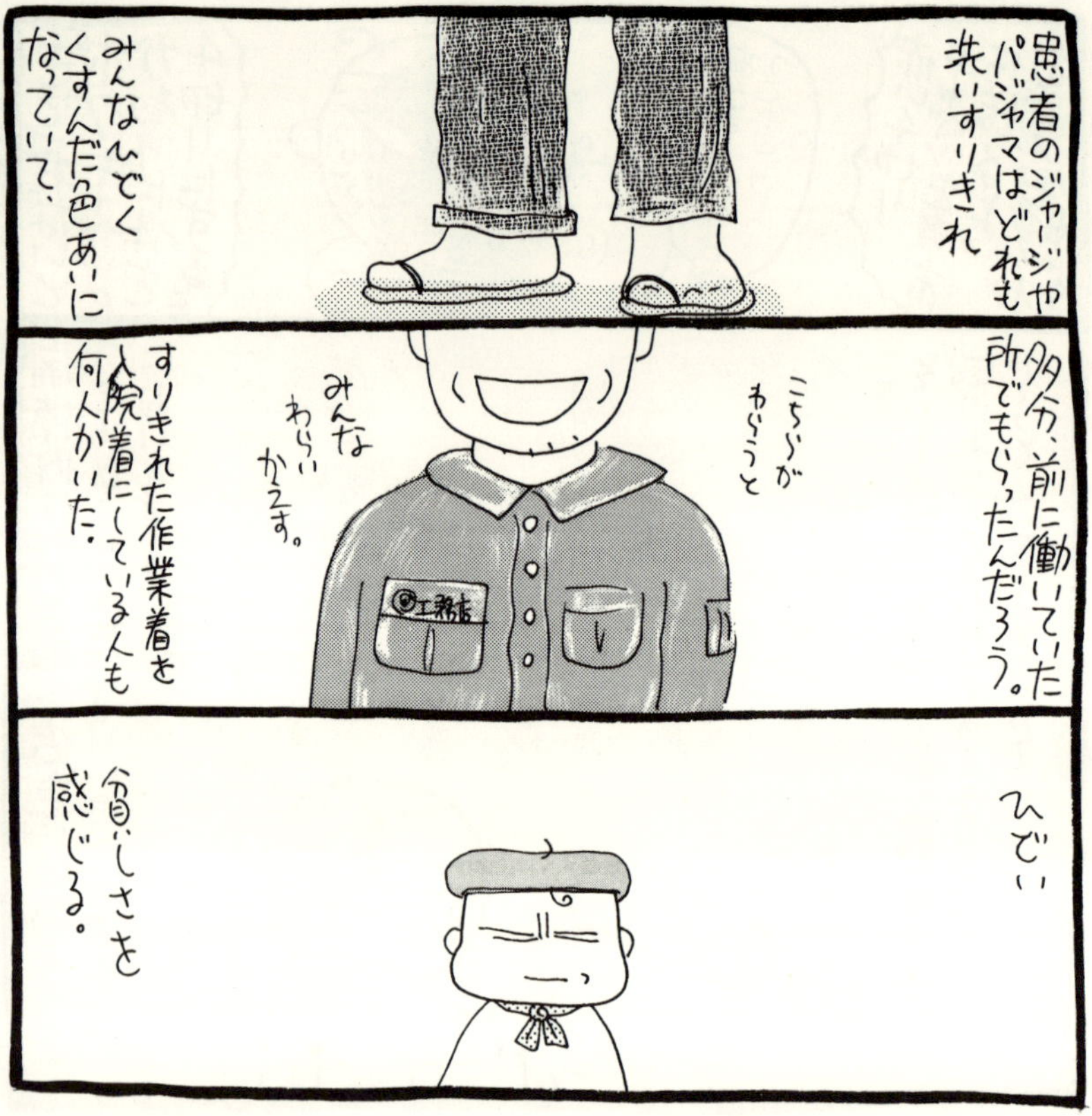
患者のジャージやパジャマはどれも洗いすりきれ
みんなひでくくすんだ色あいになっていて、
多分、前に働いていた所でもらったんだろう。
こちらがわらうと
みんなわらいかえす。
工務店
すりきれた作業着を入院着にしている人も何人かいた。
ひどい
貧しさを感じる。

よ」

「母さんにここへ来てはいけないと言われている。男と女がくっついている所に行くと、子供のおばけが出て来るから行くな、と言われているから……イヤだ」

「ククッお前おばけがこわいのか」

「違う、こわくなんかない。お母さんの言う事はちゃんと聞かなくてはいけない、だからこの先には、行きたくない」

「ハハハッ、まあいいや、カンボジアの性教育はのんきだな。じゃタカハシ、タイ語通じるか

今、二時ね、鴨志田さんお昼ごはん食堂に残りがあるから食べて。
は――――い
した した
もう鴨は入院患者。
本日の昼ごはん。二時間前に作られたみそラーメン
めんが汁すってもりあがってドンブリの外にまけてます。
もう元の正体がわかりません
それを大部屋にもってってかじりつつ、
鴨はこっちをむいてじゃあねとやって
扉がしめられた。
私は

もしれないから、二人でお邪魔しに行くか」

「おおそうだよ、ここん所ずーっとカモちゃんと同室でオナニーもしてないんだから、邪魔しらまえ」

へヘン、俺はしたよ。日本のおねーちゃんとねっちりと……心の中でつぶやいた。

今まで恋人達に気遣ってライトをつけないでいた。急にプリプリと怒り始めたタカハシは煌々《こうこう》とライトを照らし始めた。

するといるわいるわ、石をひっくり返して見つかってあわてるわらじ虫のように、びっしり

私は鴨と一緒になって
四年。
この人の事が嫌いで
嫌いで
毎日毎日
明日別れようか、
来週別れようか、
そんな事ばかり考えてた。
でも自分の家族が
冷たくてまずい物を
食べて
よごれた服を
着ている事に
ひどく気持ちが
動いた。
家族にそんな思いは
させられない。
じゃあ
行こか
ああ 私は
おかあちゃんになったの
だなと思った。

とカップルがいた。

「はほっ」

何事か口走ったかと思うと、タカハシがあわててライトを消した。真っ暗闇の中で奴が僕を見つめているのが判る。

「おい、今の見たか。カモちゃん」

「うん見た。すごい数だった」

ころがっている石柱の陰から男達がライトにおどろいて、まるでプレーリードッグのように、僕達を見つめているのが月明りに浮んで見える。

「おっおい、どうするよ。インタビュー!?」

それから鴫は
さわさわ
うちの息子は寝ぼけて人の体をなでまわす。血管を虫がはってるようで大変気持ち悪い。
フラッシュバックだあー
がばあ
全然なおってない

「なんかなあ、邪魔しようものなら、ふくろだたきに遭いそうだぜ」

「そうだなあ、タカハシ。見なかった事にするか」

「うん、そうしよう、見なかった事にしよう。これは何かの間違いだ、という事で、ね」

通訳の坊主が待っている場所へときびすを返す。奴は笑っていた。

「なっ行きたくないの、判っただろう。キャッキャッキャッ。秘密の場所なんだから」

「おいタカハシ、それにしても何も撮《と》れていないぞ、いいのか

よそんなんで」

「うーん、いいんじゃない。だってさアンコール・ワットのあおかん現場なんて撮ったってさ、お茶の間の日本人達はそんなニュース観たいかな……」

「俺だったら観たいな」

「だったらもどって撮っておいでよ、一人で」

「…………」

「インタビューしておいでよ、一人で」

「もういいか撮らなくて、うんいいよ」

「なーっそうだろカモちゃん。それよりさ、ここに居る兵士とかさ、ケガ人とかインタビューした方が判りやすいって。〝アンコール・ワットを死守する兵士〟の方がかっこいいよ」

「そーだなー、それ行こう。お寺の方にたくさん人が群れていたからさ、あっち行って取材し直そうぜ」

2

寺の境内では、お坊さん達がろうそくの灯だけをたよりに、書物を読みふけっている。

今朝通信社の記者から聞いた、弾丸に当っても死なないお守りを作れる高僧というのは、確かこの寺に居るはずだ。会って話を聞くのもいいだろう。

タカハシにその話をしてみる。

「くっだらねェ」

と一言。でもまんざらでもない顔だった。

通訳のはなたれ坊主にその話をすると、あっけない言葉が返って来た。

「死んだよ、お坊さん」

「へっ!!」

「うん、死んだ。一週間前に」

「な、なんで」

「境内の階段、ふみはずしちゃって、打ち所悪くって死んだ」

こんな夜におかしな外国人がアンコール・ワットにいるものだから、物珍しがって周囲に居たクメール人達も集まって来た。

坊主が僕達の話の内容を説明しているらしい。連中はうなずき、寺を指さしながら、

「死んだ、死んだ」

と口々に言っている。

弾丸に当っても死なないお守りを作れる高僧の死は、あっけなかった。

「じゃあさカモちゃん、そのお守り持っている奴から話聞こうよ、どう霊験あらたかだったかさ。おい坊主、どっかでそのお守り持ってる兵士さがしてこいや」

「オッケー、ちょっと待ってて」

と言い残し小走りに去っていった。

「なーにが被弾して死なないお守りだ、バカバカしい」

「いや、でもタカハシよ、その坊さんそれで高い金取ってた訳じゃないらしいよ。だったらそんな物でも信じられるんだったら、兵士だってちょっとは楽になれると思うんだけれどな、俺は」

「いや、そんな物信じて戦場なんか行くなって、オレは言いたいんだよ。非現実を信じるより、銃を捨てた方がよっぽど頭がいいよ、よっぽどこの国は良くなるヨ」

「お前そう言うけどさ、百姓に生まれて食うに困って兵士になってるんだろうが。人を殺さなけりゃ食って行けない現実だってあるじゃないか。それに人なんてみんなお前みたいに頭使って生きてないって、そんなに強くないよ」

「何言ってんだ、カモちゃんのそういうインチキくさいヒューマニズムって虫酸《むしず》が走るねオレは」

「俺だって理屈ばっかりのお前にはつかれるよ」

しばらくタカハシと二人で言い合っていると坊主は二人の兵士を連れてやって来た。

一人は腕に包帯をぐるぐる巻きにし、まだうっすらと血がにじんでいた。

「この二人、お坊さんからお守りもらったんだって、ほら、一人なんか、フフッ、弾が当ってるけど死んでないよ」

「バカ、当り所が良かっただけじゃねーか。じゃさ、あそこの屋台で酒おごるから話聞こうか」

酒が飲めると聞いて、その二人の兵士はうれしそうにニコニコしていた。それにしても傷口に悪くはないだろうか、タカハシという男は人を気遣う、という気持ちが全くない。

3

体に悪そうな甘ったるいカンボジア産の酒をものの十分で飲み干す二人、一気に上機嫌になった。勝手に聞きもしない夫婦ゲンカの話をしている。酔っぱらいがおかしいのか、通訳しながらも坊主はケタケタと無邪気な笑い声を立てている。

「お坊さんのお守りはよく効《き》きましたか」

僕はカメラを回す。タカハシがインタビューを始めた。

「オレのカアちゃんすごいケチ。それはオレがビンボーだから、ワッハッハ」

「いやそうじゃなくて、お守り……」

「ウチのカアちゃんおこりんぼ、ガンジャを吸うと家をおっぽり出されちまう。ワッハッハッ」

「…………」

「カアちゃんこの間も……」

何も言わずタカハシ、二人の前にお隣りの国・タイのメコンウイスキーを一本ずつ置く。

「好きなだけ飲んでいい。インタビューが終ったらな」

「…………」

二人の首から下ったお守りを見せてもらう。何だか小さなビンの中に紙キレが入れてある物だった。きっと祈禱《きとう》の文字でも書かれてあるのだろう。

二人とも目を見ひらいておし黙る。

「さっ。始めっからやり直し。ここのお寺の坊さんがくれたお守り、どう？」

「たしかに効いた。ある時小隊六十人の内五十二人死んだ、惨敗だった。でもオレだけ傷一つつかなかった」

「おい、ケガしている方は、どうなんだ」

「オレも戦場で一度もケガしなかった、カスリ傷一つもなしだ」

「じゃあその腕の傷、どうしたんだよ」

「…………」

「話さないとメコン、飲めねーぞ」

なんと安い威《おど》し文句、笑いでカメラが細かく揺れた。

「誰にも言わないでくれ……実は……」

誰にも言うなと言っても撮影しているんだ。日本中の茶の間で君の話が流れるんだぞ。又カメラが揺れた。

「日本のある宗教団体が、中古のラジオをたくさん持って来てくれた。そ……それでそれを盗みに入ったら、民兵に見付かってここをうちぬかれた。悪い事にはこのお守りは効かない。それにオレはもっと強く効くお守りの話も聞いた。だから近々それをもらいに行く」

「これよりいい物って何だ」

「牛のしょんべんだ」

「…………」

「牛って、そこいらにいる牛か……」

「いやその牛は神様の牛だ、その牛のしょんべんを体に塗ったら皮膚病が治った奴がいる。しょんべんを飲んだらガンが治った奴がいる。だからそのしょんべんをこの傷にかけてもらう。その牛はここから西に七十キロ程行った……」

「もういい！　ばからしい、きたならしい。カモちゃん、まだお守りの話聞きたいかよ」

「うっ、うん。一応もう一人にも聞いてみよう」

「ここの坊さん死んだ。だからオレも新しいお守りもらいに行く。これはすごく強いやつだ。滅多に手に入らないものだ……」

「どんなお守り……？」

「ある有名な祈禱師だけが作れる。処女が初めて妊娠して、その四ヵ月目の胎児で作る」

言葉が出なかった。

「腹を切って胎児を取り出してお祈りをかけて……」

「もういい。やめてくれ!!」

二人とも絶叫してしまった。ましてやタカハシはタイ人のカミさんとの間に赤ん坊が産れたばかりである。

インタビューが終った事を告げると、うれしそうにウイスキーの瓶をかかえてどこかへと消えて行った。

「カモちゃん、それでもまだお守りにすがる人々の味方するか」

「判らねェ、お前はどうよ……」

「オレも、判らなくなったよ」

「訳判んねーや、全くよ、この国はよ」

と、タカハシは土を思いっ切りけりとばしていた。

人を殺す事も、死ぬ事も、恐しくはないのか。

人と争う時に、僕達は殴り合うという事を知っている。

それは実は高度な技術なのかもしれない。

生きて行くための術の一つなのだろうか。

この国の人々はよく笑う。

いつも穏やかに、そして人を殺せる。

今生きている、という事は、この国の人々にとって、昆虫の成虫の期間みたいなものなのか。

ずっと静かに土中深く眠りこけ、大人になって地上に出た時間はほんのわずか。その間は子を産み、敵を撃滅するためだけに、力を注ぐのだろうか。

幼虫のように穏やかに生き、すぐにあの世へと行く事が彼らの生き方なのかもしれない。

生きている事が彼らの人生の中では一つの通過点なんだ。

何となく判った。

ジャヤバルマン七世のあのアルカイック・スマイル。

穏やかながら、怒りをおしかくしたような顔、あの顔に自分達の人生を封じこめたのだとすると、この人々、すごいじゃないか。

4

暗がりの中で一人のクメール人がラジカセを聞いていた。

すり切れるだけすり切れ、かろうじて歌だと判るカセットテープからは、ここの人達がカンボジア人が作ったと信じて疑わない、〝時には母のない子のように〟が流れて来ていた。

どんな歌詞に変っているのか、はなたれ坊主に尋ねようと思ったら、もうどこかへといなくなっていた。

夜明け。人々の家路につく後ろ姿を撮影し、僕とタカハシも、グランドホテルへと向った。

途中、きれいな蓮の花が咲きみだれる小さな池で、子供達が水遊びをしていた。

何となく車を停めてもらい、二人でやんちゃに水をかけ合う子供達を水辺から眺めていた。

足元すぐ近くで……。

「ポンッ」

という小さな破裂音がした。

蓮の花は開く時に音を出すのだろうか。

「おいタカハシ、いまの音、聞いたか」

「えっ何の音」

「蓮だよ、ハス。いま花が開く時にポンっていわなかったか」

「またカモちゃんたら嘘ばっか言って、本当かよ蓮が花開く時に音が鳴るなんて、信じねーよ、そんな話。それよりホテル早く帰ろうよ、二日ばかりまともに寝てないんだからさオレは」

確かに聞いたのか、と言われると自信がなくなってしまった。いややっぱりこの耳でたしかに……いや……。

何も判らないままこの国を去る事になるんだ。それだけは確信を持った。

もうしばらく来る事もないだろう、とも。

グランドホテルのロビーにハシダさんが待っていた。従業員達に二人がアンコール・ワットで一晩過した事を話していたのだろう、いつも以上にニコニコと僕達を出迎えてくれた。

口々に「良い事をした」と言ってくれた。

「何がいいもんか、バカタレが」とタカハシは毒づいていた。

「お部屋、冷しておきましたから」と居酒屋の生ビールのような事を言われて部屋のキーを渡される。

「おうおつかれさん、一風呂あびたらメシにしよう」

ハシダさんの言葉を後に三階の部屋へと階段を登る。

ひどく古びた、でも格調高い黒い鉄格子で出来たエレベーターがある。

言うまでもなく壊れたまま、動かないでサビ付いている。

取材でくたくたになって帰って来る度に、エレベーターが動かないのが何とも悲しかった。

重い足をひきずりながら三階まで上がる。

いつも必ずたまっている廊下の水たまりの場所は、立派な大理石にもかかわらず黒いシミがついて取れなくなっていた。

「冷しておいた」部屋に入る。

なる程エアコンは最大に動き、天井のファンも全速でプロペラ機のような音を立てて、空気をかき回していた。

でも窓が全開になっていた。

僕達に驚き、いなりずしくらいの大きさのゴキブリが「ザザッ」と部屋を横切り、コオロギがピョンピョン飛び跳ね、セミが「ジジッ」と外へ飛び出して行った。

タカハシと目が合った。

お互い、「もう帰ろう」と目が言っていた。

シャワーを浴び、レストランへと向う。

「しんどかったろ、たらふく喰えよ、何がいい」

と僕達に聞いておきながらもう、ウエイターに「スパゲッティ・ミートソース・スリー」と告げるハシダさん。全くせっかちなんだから、だったら最初から聞かなきゃいいのに。それにしてもどうしてもスパゲッティが食べたかったんだろう、そして……。

「いや、ちょっと待てーっ!!」

と大声でウエイターを呼び止めた。

「スパゲッティは何分で出来る。その、またブタを殺《や》る所から始まらねーだろうな……」

「いいえ、十分もお時間をいただければ大丈夫です」

とニコニコと受け答えするウエイター。

「よし、じゃたのむ……」とこちらに向き直り、

「どうだった、アンコール・ワット。ネタいっぱいあっただろっ」

「ええたぶん三分くらいのニュースにはなると思います。後でモニターで見て下さいよ」

「おっそうか、判った。あれまっ今日はまた早い事、もうスパゲッティ出来ちゃったよ」

うやうやしく、それは丁寧に一皿ずつ僕達の前にスパゲッティが山ともられた大皿を置いてくれるウエイター。

「こっ、これが、スパゲッティ・ミートソースだーっ!?」

ハシダさん、声がウラ返っていた。

「イエース」

とウエイターは自信満々の微笑《ほほえ》みで返してくる。

「これ、いつ作ったの……」

「イエース、サーッ、この間だいぶ待たせてしまいましたので、昨晩の内に作りました」

しっかりと、ていねいにカキ回した後のジャージャーメンのようになり果てたスパゲッティ。フォークで持ち上げるとそのまま皿まで持ち上った。

泣きながら食べた給食の味がした。

町からは火薬の匂いがしなくなり、マイナーでバカだから命の安い僕は居てもしょうがないので、三人してバンコクへと帰った。

5

程なくしてこのグランドホテルは、シンガポールのラッフルズに買収され、改装工事のため、一時期閉鎖されていた。

当初工事は一年程で終る予定であったが、いつまでたっても懲りないバカ者共や、業《ごう》の深い、うすぎたない奴らによって内戦がいく度か起り結局、工事が終るには三年以上もかかり、ようやく完成したのはほんの二年前の事だった。

昨年カミさんと連れだって、新しくなったグランドホテルに泊りに行って来た。

建物がしっかりしていたからだろう。正面から見たかぎりでは神社のすすはらい程度の工事だけであった。

従業員に石を投げられモーモー言っていた放し飼いにされた牛のいた野っ原は、すばらしく立派な大きな正方形のプールになり、同じ様式で建てられた別館が、プールの左側に出来ていた。

壊れて放置されていたエレベーターは静かに動き、人の登り下りでカドがけずれた階段も、敷きつめられた大理石もそのまま使われ、そして美しく磨き上げられていた。

でもいつも水がたまってシミが出来ていた場所は、一生懸命こすったにもかかわらず、そのまま黒いシミが付いたままだった。

懐かしかった。

レストランは大きく二ヵ所に分かれ、ひからびたパイプイスもきれいさっぱりなくなり、部屋の豪華さに似合った、立派な調度品に変っていた。

以前は一食一品だったメニューも、色とりどりに用意され、ワインも豊富だ。

お約束通り、パスタを注文してみる。

見事な出来ばえが、逆に悲しくなってしまった。

二人でアンコール・ワットへも行ってみた。

やっぱり子供達の物売りが、国籍を見ぬいてその国の言葉で商いをしていた。

通訳になったはなたれ坊主は半分だけ青年になっていた。

憶えているか、と聞いてみた。

一瞬何かを考え、「ちゃんと忘れちゃいないさ」と言いながら、しきりに友達と一緒にみやげ物を売りつけようとしていた。

しっかりした奴だ。憶えてなんかいやしないんだ。

観光客が思いのほか増えていた。

クメール人の御宮まいりが大勢見られた。

家族中きれいに着かざり、楽しそうに歩き回っている。

プノンペンから来た、と言う家族と話が出来た。

「やっと少しだけ平和になりましたから、年に四日はここに来て泊ってゆくんです」

恐怖から逃れてここへ来るのではなく、遠足をしに、アンコール・ワットへやって来る。

クメール人にとって待ちに待った幸せがやって来たのかもしれない。

夜、ホテルで食事をしているとアメリカ人の老夫婦に話しかけられた。

「初めて来たんだ、まだちょっと恐しいな」

「大丈夫だよ、クメール人が笑っているでしょ、いつまで保つかは判らないけれど、とにかく、今は平和だよ。みんなニコニコしてるから、平気さ」

僕は生意気な事を言っていた。

平和なグランドホテル。ちょっとだけ昔に戻ってみたくなった。

ジャヤバルマン七世の石像だけが何も変らずに穏やかに微笑んでいた。

あとがき

鴨志田穣

屋台の軒先で汗をぬぐいながらビールを飲んでいた。

小学生くらいの男の子が料理を運ぶ手伝いをしている。

忙しそうにいくつものテーブルの間を行き来していた。

その子が何かの拍子で、運んでいた皿を道にぶちまけてしまった。

困った顔をしてその場に立ちつくしていると、店主である彼の父親がやって来て、その子の横っつらを思い切り張りたおした。

乾いた音が辺りにひびいた。

何も言えずうつむいてしまったその男の子の、今度は頭を思い切りゲンコで殴り付けた。

謝る声すら出せないでいた男の子は、動く事も出来ず、拳を強く握りながら涙を流していた。

ふと自分の子供の頃を思い出した。

僕は札幌で育った。

真冬ともなると降り続ける雪は銀色に輝き、長ぐつで踏みつけると「キュッ、キュッ」とそれこそ鳴き砂のような音をたてた。

ある真冬の休日、床屋へ行けと父に命ぜられ、千円札をもらい一人で出かけた。

その日は朝から雪が降り続いていた。

気温もかなり低く、踏みつけると雪はよく鳴いてくれた。

千円札は手袋の中で、手のひらにしっかりと握られていた。

歩きながら雪を鳴らしていると楽しくてしようがなく、床屋さんまでわざと遠回りして歩いて行った。

床屋の看板が見えた時、手のひらに握られていたはずの千円札が無くなっている事に気付いた。

ズボンのポケットも、上着のポケットも全て捜しても出てこなかった。

今来た道にはもう既にうっすらと雪が降り、日が暮れるまで必死に雪をかきわけても見つけ出す事が出来なかった。

しかたなく家に帰りお金を落とした事を父に詫びた。すると父は、

「どこで何に使ったんだ！」

と怒鳴った。

「本当だ、本当に落としたんだ」と何度もくり返したが聞き入れてくれなかった。

「本当の事を言うまで家に入ってくるな！」

父は又怒鳴った。

見かねた母が、

「いいから謝りなさい、ねっ。謝りなさい」

父と母のその言葉を聞いてから、僕は嘘をつくのが上手になった。

気が付くと屋台の親子はもう仲直りして、楽しそうに賄いを家族で食べていた。

どこにでもある風景なんだけど、僕にはとても羨ましかった。

どこまでもアジアパー伝《でん》
2001年7月23日　第1刷発行

著　者　鴨志田《かもしだ》穣《ゆたか》
西原《さいばら》理恵子《りえこ》

発行者　野間佐和子

発行所　株式会社講談社
東京都文京区音羽二－一二－二一　郵便番号一一二－八〇〇一
電話　文芸図書第一出版部（〇三）五三九五－三五〇四
書籍第一販売部（〇三）五三九五－三六二二
書　籍　業　務　部（〇三）五三九五－三六一五

印刷所　大日本印刷株式会社

製本所　黒柳製本株式会社

定価はカバーに表示してあります。

ISBN 4-06-210771-6　（文1）